MINE LIVSVERDIER II

- beskrevet i 21 Refleksjoner og 88 Tankevekkere

George Manus

Forfatter: George Manus
Copyright: George Manus
Design and Layout: Ole Praud

Forlag: BoD – Books on Demand, Hellerup, Danmark
Trykk: BoD – Books on Demand, Norderstedt, Tyskland

George's online bookstore -
www.georgemanus-books.com

The Art of George Manus online store -
www.georgemanus.com

George's innovation & hub website -
www.maxmanusinnovation.com

George Manus e-mail: - info@georgemanus.com

ISBN: 9788743057703

Andre bøker skrevet av George Manus

Introduksjon

George Manus

I denne andre boken av to, som ikke på noen måte gir seg ut for å være en pedagogisk lærebok, har jeg, som i den første, plukket ut 21 Refleksjoner fra min bok "217 Refleksjoner", publisert i 2020. Alle er i en eller annen form relatert til "essensielle livs-verdier og utfordringer". Den første ble skrevet i 1990 og den siste i 2023. De ble satt på papiret for å teste mine meninger og tanker om livs-verdier og utfordringer.

De 88 Tankevekkerne er hentet fra min bok "Tankevekkere - 1001 korte refleksjoner", utgitt i 2020, og er som hovedregel satt inn etter hver Refleksjon, og relatert til disse.

Begge bøkene er ment å gi deg et innblikk i hvordan jeg ser på Livsverdier og utfordringer.

Mange av mine Refleksjoner er sterkt personlige, og var aldri ment å bli publisert på denne måten. Når de nå er satt sammen i disse to bøkene, er det på grunn av tilbakemeldinger jeg har fått fra folk som har lest både mine Refleksjoner og tankevekkere.

Ærlig selvinnsikt gir deg en solid plattform å stå på i livet. Det er en gave som ikke er gitt til alle; mange må jobbe mot det målet selv, slik jeg har gjort, og det er her disse to bøkene, som eksempel, viser deg hvordan jeg har avslørt min ærlige selvbevissthet.

Les fordøy og ta en pause.
Sammenlign med dine egne tanker og velg det beste.
Din selvbevissthet vil dermed bli styrket,

og din plattform mer solid og fast.
Dette gjør det enklere for deg å møte livets utfordringer.

Bare ved å lese sakte og engasjert vil du ha nytte av å bruke denne boken som en rettesnor for selvbevissthet når du møter livets utfordringer.

Etter min mening og basert på mine forutsetninger, har jeg for lenge siden hatt den ideologien i livet, at like sikkert som at vi mennesker er forskjellige og har vår egen unike identitet, har vi av Skaperen fått muligheten til å velge mellom to diametralt ulike livsformer, den gode og den onde.

Ettersom jeg ikke er tilhenger av svart/hvitt-løsninger, blir det mer nyansert når jeg sier at du ved utvidet selvinnsikt, selv kan bestemme hvor på skalaen mellom de to ytterlighetene du ønsker å befinne deg.

Valget er ditt.

Fanatisme er utgangspunkt for vrang-syn, så i denne sammenheng vil to ekstreme livsformer, den gode eller onde, vise seg å være konfliktskapende.

Ved å lese mine personlige refleksjoner og de korte tankevekkerne, vil du raskt forstå at jeg gjerne vil fremstå som godt forankret i den gode livsstilen.

I mitt åttifemte år arbeider jeg stadig med finpussing. Intet er perfekt i livet.

Det ville glede meg om du finner inspirasjon i denne boken, til utvidede tanker som kan gi deg bedre selvtillit og en mer solid plattform å stå på i møtet med livets daglige utfordringer.

Ha alltid boken for hånden og bruk den når du står ved veiskiller i livet

DEDIKASJON
Måtte disse to bøkene bli til inspirasjon, veiledning og refleksjon for **mine familiære etterkommere** på deres eget livs-seilas. "Mine Livsverdier I og II" er skrevet med kjærlighet, håp og ut fra mine erfaringer over en lang periode.

Finn styrke og glede i å leve etter de Livsverdier som er viktige for deg og dine.

MELLOMVEIEN
Svaret er alltid Mellomveien å gå.
Slik var det hos Aristoteles og slik er det nå.
Ikke for grådig og ikke for raus,
ikke for aggressiv, forbli heller taus.
Ikke for ondt og ikke for godt.
Slik har jeg det hele forstått.

1995

MINE LIVSVERDIER II
- beskrevet i 21 Refleksjoner og 88 Tankevekkere

Dette er min anbefaling om hvordan du kan maksimere bokens utbytte, enten det er gjennom gruppediskusjoner, livs veiledning eller som individuell leser.

1   Les eller diskuter alle Refleksjonene og legg merke til de du tror er mest relevante for dine Livsverdier, og vurder dine egne personlig Verdier samtidig.

2   Sett til side de som ikke er relevante for deg og konsentrer deg om de som er relevante.

3   Les de tilhørende Tankevekkere som følger hver Refleksjon, og gjør deg opp en mening om dem.

4   Sammenlign mitt syn på den aktuelle Refleksjonen med ditt.

5   Gjør deg opp meninger om Refleksjonen du har lest/ diskutert og gjør et notat om det.

6   Følg denne prosedyren for hver refleksjon du føler er viktig for deg.

Fra den solide plattform du nå har skapt for deg selv, har du blitt mer bevisst og selvsikker på hvordan du skal møte livets daglige utfordringer.

VIKTIG INFORMASJON!

Legg merke til datoen under overskriften på Refleksjonen du leser, der den er gitt.

Av dette vil du forstå at mine Refleksjoner spenner over mer enn 30 år, altså at innholdet er blitt til i takt med utfordringer jeg, som alle andre, har møtt.

ANGER

2015

Ifølge Wikipedia er anger et fornuftig og/eller følelsesmessige ubehag overfor personlige handlinger og oppførsel fra fortiden. Hvorfor det understrekes at en handling eller oppførsel skal være relatert til fortiden for å kvalifisere til anger er uklart for meg, da anger etter min erfaring kan utløses av tidløs handling eller oppførsel. Nå ja, kan det være så nøye med det?

Vi føler antagelig alle intuitivt hva det vil si å angre og det ville være merkelig om ikke alle har konkrete personlige eksempler å vise til i den sammenheng.

Selv gjør jeg det med å angre til en, for meg, definitiv sak. Enten angrer jeg på noe jeg har gjort, uttalt eller satt på papir, eller så angrer jeg ikke.

Å angre på noe jeg har gjort, kan ofte sette store spor og gi konsekvenser som er uopprettelige, mens det å angre på noe jeg ikke har gjort, i de fleste tilfeller kanskje gir seg utslag i savn, men allikevel noe jeg normalt kan leve rimelig godt med.

Om å angre skrev jeg en liten "snutt" i 1994, som er godt dekkende for min holdning til det med å angre.

OM Å ANGRE

Jeg angrer på lite av det jeg har gjort,
for heldige meg jeg glemmer så fort.
Jeg angrer mer på det jeg ikke gjorde,
alt det som kunne blitt til det riktig store.

Gav mennesker sjanser - og sjanser igjen,
jeg holdt alltid døren litt på klem.
Ja, det har kostet mer enn det smakte
og ting har til tider gått altfor sakte.
En tøffere holdning med krav, konsekvenser-
ville det vært svaret som utvidet grenser?
Utvilsomt på kort sikt, men hvor er det styrke,
hos den som grundig behersker sitt yrke.
Til det trengs praktisk erfaring og tid,
det trengs modning, innsats og mye giv.
1994

Intuitivt vet jeg umiddelbart om noe jeg har sagt, helst burde være usagt. Som regel er det da for sent å angre og konsekvensene blir der etter.

I min ungdom, forhåpentligvis er jeg blitt bedre ettersom årene har røynet på, var jeg nok mer enn vanlig "stor i kjeften".

Alle har jo sin måte å hevde seg på.

Helt tilbake fra den tid, det må ha vært i seksten års-alderen, sitter fremdeles en episode klart for meg. Den fikk jeg aldri slettet, hvor mye jeg enn gjerne ville det.

Det dreide seg bare om noen ord jeg uttalte, og som det raskt viste seg skulle bli utrolig sårende for den det gjaldt. Jeg mente ikke på noen måte å såre vedkommende, det dreide seg bare om at ordene kom før tankene hadde kommet på banen.

Episoden er for ufin til å gjengis, men jeg nevner dette da jeg er overbevist om at jeg ikke er alene om å ha en eller flere slike episoder hengende i luften. Også fordi det å angre på denne måten kan føles riktig vondt.

MINE TANKEVEKKERE OM ANGER

ANGER I

Jeg Angrer på lite av det jeg har gjort,
for heldige meg jeg glemmer så fort.
Jeg Angrer mer på det jeg ikke gjorde,
det som kunne blitt til det virkelig store.

1994

PÅ SKRIFT

Når du setter i Skrift det du tenker og mener -
kan det tolkes feil og føre til scener.

SLADDER

Det du sier, som vandrer fra munn til øre -
kan også for noen bli leit å høre.
Så la dine tanker i hodet ditt modne,
før du dem setter i skrift eller tone.

ANGER II

Vi har alle gjort noe vi Angrer på og som vi senere i livet ønsket å
gjøre godt igjen.

Sept. 2019.

BESKYLDNINGER
Mars 2014

Spesielt i den tidlige barne og ungdomsalder, er det med rettferdighet et viktig element i alles liv. Dette fordi det er i denne fasen av livet du først stifter bekjentskap med rettferdigheten, gjerne i form av beskyldninger av forskjellig karakter, både de riktige og de uriktige. Straks oppdragelsen fokuseres på hva som er riktig og galt, og det er noe av det første du konfronteres med, stifter du også bekjentskap med beskyldninger.

De, beskyldningene altså, er en av mange helt naturlige faktorer i vår oppdragelse.

Hvis du er så heldig at du på et tidlig tidspunkt i din utvikling har klare begreper om hva som er riktig og galt er du heldig, men det kan svi ekstra hardt når du for første gang stifter bekjentskap med en gal eller uriktig beskyldning.

Beskyldes du for noe du har gjort og du er klar over at du har gjort det og at det var galt, er det andre betraktninger som automatisk settes i gang. Da kommer vurderingen inn om det er noe du vil innrømme eller ikke.

Bedømmer du konsekvensene store ved en innrømmelse er det vel bare menneskelig, som man ofte ser, at beskyldningene avvises som usanne.

For øvrig er nok løgn noe av det første du lærte deg i livet, det skal jo tidlig testes ut hvor langt strikken kan tøyes og hvilke konsekvenser det får når den ryker.

Kanskje en egen refleksjon om løgnen kunne være på sin plass, men den får komme ved en passende anledning.

Den gale beskyldningen, eller den uriktige, er den som

virkelig svir. Den kan selvfølgelig være basert på manglende informasjon som lett kan bringes tilveie og derved være med til å strø sand på misforståelsen. Saken oppklart uten videre konsekvenser, men er den uriktige beskyldningen så ensidig og standhaftig at den ikke enkelt lar seg motbevise, ja da kan det være fare på ferde.

Selv var jeg langt fra den mest eksemplariske skoleelev. Det skrantet med lekselesing og kunne jeg finne på noen rampestreker, og det hadde jeg gode evner til, så gjorde jeg det.

Naturlig nok, sett fra lærernes synspunkt, ble det derfor svært enkelt å laste beskyldninger, også for ting jeg ikke hadde gjort, over på meg.

Ingen alvorlige sådanne som jeg kan huske, men selv de få ganger det skjedde, sved det ekstra.

Rettferdighetssansen er nok for de fleste en sterk sans.

Hvordan kan det ellers være mulig, til og med som man ofte ser i retten, å begå en slik urettferdighet?

Såkalte justismord topper vel listen når det gjelder uriktige beskyldninger.

Ifølge Wikipedia blir betegnelsen justismord benyttet når en person med rettskraftig dom er dømt for noe vedkommende ikke har begått.

Opprinnelig ble betegnelsen brukt når personer feilaktig ble dømt og fikk fullbyrdet dødsstraff, men etter hvert som denne straffemetoden er blitt mindre vanlig eller avskaffet, har betegnelsen fått en utvidet betydning. Det sterke uttrykket "mord" er en illustrasjon av den kriminelle handlingen det er å bidra til eller forårsake et uskyldig menneskes dom og frihetsberøvelse.

Heldigvis skjer justismord ikke så ofte, men tenk hvilken meningsløs og desperat situasjon en person må befinne seg i som har blitt utsatt for en slik situasjon.

Uten å diskriminere franskmenn i sin alminnelighet kan jeg ikke la dette personlig opplevde eksempel på beskyldninger, eller rettere sakt reaksjon på en beskyldning, være unevnt i denne sammenheng.

Min kones nyanskaffede hvitlakkerte Hyundai, modell i 30, stod for anledningen parkert der den alltid står, utenfor vår leilighet, mens vi var bortreist et par uker og hadde tatt min bil til flyplassen.

Vel hjemme igjen og nesten umiddelbart etter at koffertene var i hus ringer det på døren. Vaktmesteren, som også sjekker vår leilighet når vi er borte, meddeler at han bare et par dager etter at vi hadde reist hadde sett naboen, den franske, rygge sin blå-lakkerte bil ut fra parkeringsplassen, også den en Hyundai, men en større modell. Ved et uhell, eller dårlig beregning, hadde han skrapet borti min kones bil og avsatt noen ganske kraftige blå merker i den hvite lakken. Vi hadde allerede når vi parkerte etter ankomst fra flyplassen, lagt merke til at hans bil som før vi reiste hadde hatt en del små-bulker på høyre side nå var nylakkert og uten en skramme.

Han hadde tidligere rygget inn i en av utelysene i innkjørsel og ødelagt denne, men hvordan små-bulkene var oppstått var selvfølgelig ikke noe vi hadde noe med.

Dagen etter tar min kone umiddelbart kontakt med franskmannen og på hennes morsmål, fransk, gjør ham oppmerksom på situasjonen.

Til hennes store forskrekkelse benekter han umiddelbart at han har hatt noe med saken å gjøre og henviser til at hans bil er nylakkert og uten en skramme.

Maken til utrolig frekkhet har jeg sjelden vært vitne til, men så er han da også en utrolig usympatisk variant av den franske arten.

Vår franske nabo leier huset han bor i og jeg betviler at han noen gang kommer til å lese dette, men skulle så skje så håper jeg han vil forstå hvorfor vi totalt neglisjerer ham.

Selvfølgelig kunne vi gått til sak og opplevet uendelig mye frustrasjon, men livet er for kort til det i vår alder.

Dette er en av de tilfeller hvor du strekker armene i været og sier til deg selv at: "Hvor intet er, har selv keiseren tapt sin rett". Jeg tenker ikke her på materielle ting; stakkars mann.

Mennesker av den type føler seg antagelig som vinnere, han sparte jo den utgiften.

MINE TANKEVEKKERE OM
BESKYLDNINGER

BESKYLDNINGER I
Beskyldes du for noe du har gjort og du er klar over at du har gjort det og at det var galt, kommer vurderingen om det er noe du vil innrømme eller ikke.

2014

BESKYLDNINGER II
Å forsvare at "riktige" beskyldninger avvises må ikke anbefales.

2014

BESKYLDNINGER III
Den uriktige beskyldningen er den som virkelig svir.

2014

BESKYLDNINGER IV
Beskyldninger er en av mange faktorer i vår oppdragelse. Når du konfronteres med hva som er riktig og galt stifter du bekjentskap med beskyldninger.

2014.

FANATISME

Mai 2014

Selv om du nok har klart for deg hva fanatisme er, starter jeg for sikkerhets skyld med en beskrivelse fra Wikipedia som sier at fanatisme er: "Ekstrem ensporethet. Lidenskapelig hevding av personlige overbevisninger, ofte kombinert med forfølgelse mot annerledes tenkende eller følende". Det er nesten så jeg grøsser når ordet fanatisme leses eller høres, ja selv når jeg bare tenker på det.

Kun i helt spesielle tilfeller kan i hvert fall jeg finne noe positivt i forbindelse med fanatisme og da dreier det seg om personlig fanatisme, eksempelvis at du er fanatisk opptatt av noe spesielt som ikke representerer fare for noen. Den fanatismen er nok i de fleste tilfeller helt ufarlig.

Vi ser daglige eksempler på personlig fanatisme som ikke er farlig. Grensegangen er klar for de fleste, men slett ikke for alle, og det er antagelig det som gjør fanatismen så farlig.

Det jeg finner litt merkelig er at en engelsk beskrivelse av fanatisme går mer i retning av det ovenfor nevnte, altså den personlige og ufarlige.

Oversatt til norsk lyden den noe slikt som: "Fanatisme er en tro eller oppførsel som involverer ukritisk iver eller overdrevet entusiasme når det gjelder tidsfordriv eller hobby".

Ja hadde det bare vært den vinklingen på fanatismen så hadde mye sikkert sett annerledes ut.

Mange har gjennom tidene gitt seg i kast med å analysere fanatikeren, han eller hun som står for den. Når det skjer dreier det seg helst om det de fleste av oss oppfatter som den farlige fanatismen.

Det hersker visst stort sett enighet om at disse fanatikerne som sådan selv ikke er onde i ordets egentlige betydning. De, fanatikerne, er bare fanatisk overbevist om at de meninger de representerer er de eneste riktige.

Det er aldri snakk om kompromisser sett fra en fanatikers synspunkt, så tanken om å benytte diplomati for å løse en konflikt hvor fanatikeren er i sving, kan umiddelbart legges på hyllen.

Den største faren ligger i fanatikerens evne til å påvirke andre svake eller skakkjørte lett påvirkelige sjeler, og det ser vi daglig eksempler på.

Vel, jeg er selvfølgelig ikke kompetent til å tilføye noe som helst når det gjelder fanatismen, men er på den annen side opptatt av at vi på en eller annen måte må dette ondet til livs, altså den farlige siden. Vel, man må nok være realistisk, det å tro at vi kan bli kvitt den farlige fanatismen, er nok å legge listen altfor høyt.

Skal vi prøve på det må vi nok benytte andre midler, i hvert fall hvis vi tenker på en langsiktig løsning.

Ja, tenk om noen fant et fornuftig svar på den utfordringen.

På mange områder er det helt legitimt å henvise til statistikker. Selvfølgelig er det noe med at vi ikke alltid kan stole på statistikkene, men det kommer ikke av at de som er opptatt av det ikke er i stand til å samle det riktige materialet, men at det manipuleres med materialet for at statistikken skal gi et ønsket resultat.

Uansett, det må sikkert finnes en statistikk som viser den prosentvise del av befolkningen som er fanatiske i henhold til definisjonen. Jeg er ikke i tvil om det, men tror allikevel at man er svært tilbakeholdende med å offentliggjøre denne. Antagelig mener noen at det kunne få samfunnsmessige konsekvenser

Er den prosentvise del av befolkningen som er fanatisk i henhold til definisjonen, den farlige hvis den kan isoleres, større eller mindre enn fem prosent, eller er den over ti prosent?

Ville det at vi fikk vite disse prosentenes størrelse i det hele tatt ha noen betydning for oss andre i det daglige?

Personlig er jeg av den oppfatning at det er langt flere fanatikere blant oss enn vi tror, ja, jeg går så langt som til å melde meg som en mulig kandidat, med henvisning til den foran nevnte engelske tolkning, den jeg mener er ufarlig.

Hvordan kan jeg mene det? Jo, det er ting i det daglige som jeg kan bli fanatisk opptatt av, uten at jeg ønsker og røpe hva det dreier seg om. Dette fordi det ikke dreier seg om en konstant tilstand og fordi jeg vet at denne formen for fanatisme er en helt ufarlig gren, i hvert fall for andre.

Om den kan være farlig for meg selv, ja derom tier historien.

Det jeg med andre ord prøver å hevde, er at fanatismen som sådan nødvendigvis ikke er farlig. Det er kun når den anvendes på feil måte, slik de fleste av oss ser det, at den blir farlig.

Den farlige fanatikeren er som regel en god lytter som velger sine medier med omhu. Tillit skapes og solide bånd knyttes. Mediene er som regel enkle og lett påvirkelige mennesker, og opptrer derfor lett i rollen som utøvere av den ondskap som overføres gjennom relasjonen.

I denne rollen er fanatikeren livsfarlig.

Holder vi oss til denne sist beskrevne, den farlige fanatikeren, håper og tror jeg nok at en ærlig statistikk ville verifisere at det kun er en brøkdel av en prosent av befolkningen som tilhører kategorien, i hvert fall i vår del av verden, og godt er det hvis antagelsen er riktig.

Selv om det er lite hver enkelt av oss kan bidra med for å avsløre disse mulige "bombetruslerne", er det viktig at vi har vår innstilling og holdning klar, så vi og våre likesinnede ikke blir gjenstand for uventede bakholdsangrep.

MINE TANKEVEKKERE OM
FANATISME

FANATISME OG MENINGER
Det hersker visst stort sett enighet om at Fanatikerne som sådan, selv ikke er onde i ordets egentlige betydning. De, Fanatikerne, er bare Fanatisk overbevist om at de Meninger de representerer er de eneste riktige.

Mai 2014

FANATIKERENS MEDIER
Den farlige Fanatikeren er som regel en god lytter, som velger sine Medier med omhu. Tillit skapes og solide bånd knyttes. Mediene er som regel enkle og lett påvirkelige mennesker, og opptrer derfor i rollen som utøvere av den ondskap som overføres gjennom relasjonen.

Mai 2014

FANATISME I
Det er aldri snakk om kompromisser sett fra Fanatikerens synspunkt, så tanken om å benytte diplomati for å løse en konflikt hvor Fanatikeren er i sving, må umiddelbart legges på hyllen.

2014

FANATISME II
Det er antagelig lite hver enkelt av oss kan bidra med for å avsløre disse mulige «bombetruslerne», men det er viktig at vi har vår innstilling og holdning klar, så vi og våre likesinnede ikke blir gjenstand for uventede bakholdsangrep.

2014

BEVISSTHET - UBEVISSTHET

Des. 2014

Den korteste beskrivelse jeg kan trekke ut fra Wikipedia når det gjelder disse to motsetningene er som følger. "Bevissthet har kun den som har en fungerende hjerne, mens ubevissthet er en fellesbetegnelse på psykologiske prosesser som en person selv ikke er oppmerksom på".

Det å være bevisst eller ubevisst må være som et enten eller, enten er du bevisst eller så er du ubevisst i en situasjon eller handling.

Dette kan ikke sammenlignes med Shakespeares: "To be or not to be".

Jeg kan godt se at med disse to ytterlighetene, enten eller, blir det svært snevert; det ligger selvfølgelig et hav av nyanser mellom disse ytterpunktene.

Ikke desto mindre vil jeg gjerne gjøre det så enkelt: Bevisst, eller ubevisst. Det blir så mye enklere å forstå på den måten.

Det dreier seg i denne sammenheng ikke om å være bevisstløs i den forstand at du har mistet bevisstheten når du er ubevisst.

I den ubevisste tilstanden er du ikke på noen måte i stand til å opptre bevisstløst, du er som regel ved full bevissthet, men altså ubevisst.

Forvirret? Ja, det har jeg full forståelse for.

La meg med en gang gjøre det klart at jeg sikkert selv til tider, jeg håper imidlertid ikke for ofte, opptrer som om jeg er ubevisst, eller, som jeg selv velger å kalle det, er meg selv totalt bevisstløs.

Normalt føler jeg meg rimelig bevisst i det daglige.

Det å være seg bevisst i det daglige betyr etter min mening blant annet at du er observant.

Hva betyr det så å være observant? I denne sammenheng mener jeg det blant annet har å gjøre med og ta hensyn til at du ikke er det eneste mennesket på jorden, eller litt mer realistisk, at du ikke normalt i det daglige er det eneste mennesket som befinner seg der du befinner deg.

Det går normalt ikke en dag uten at jeg stusser over hvor mange mennesker som opptrer ubevisst.

Nå reiser vi ikke så mye lenger som vi gjorde tidligere, så de fleste registreringene av ubevisst opptreden skjer i dag i de lokale "Supermerkadoene".

Her skjer det imidlertid hele tiden. Folk vandrer rundt mellom hyllene i sin egen verden, normalt med en handlevogn.

Jeg utdyper ikke dette nærmere, da alle observante bevisste mennesker vil kunne registrere i hvor stor grad ubevisstheten er utbredt i disse omgivelsene.

Hvorfor denne refleksjonen kom på papiret, har sin bakgrunn i at vi bare for noen dager siden kom tilbake fra et kortere opphold i København i forbindelse med et styremøte.

Førjulstid og stor stemning over alt.

I den forbindelse kan jeg anbefale København på det aller beste.

Tro nå endelig ikke at den forretningsmessige del av besøket ikke fikk sin rimelige andel av tiden oppholdet varte, men det ble nå som vanlig tid til et besøk i Tivoli.

Jeg må innrømme at vi denne gang ikke riktig fikk med den kulinariske opplevelsen som var forventet etter vårt besøk til en bedre kjent restaurant, men den gode danske førjulsstemningen setter allikevel sitt positive preg.

Den tradisjonelle turen nedover Strøget, den kjente gågaten som er 1,1 kilometer lang, er alltid spennende, også på denne årstid, spesielt fordi den er preget av førjulsstemning.

Vi kommer fra det jeg kaller toppen ved Rådhusplassen og slentrer nedover Strøget.

Vi, min kone og jeg, har nesten hvert år siden vi giftet oss i 1998 vært der på denne årstid, så vi føler oss vel til rette.

En rekke forskjellige gjøglere gjør sitt ytterste for å få mennesker til å stoppe opp, og kanskje etterlate noen slanter før de førjul-stemte vandrer videre.

Dette har ingen ting med bevissthet å gjøre, men Strøget som strekningen blir kalt, starter som nevnt ved Rådhusplassen og den første del heter egentlig Vesterbrogade. Den går så over i Nygade som igjen fortsetter til Vimmelskaftet. Etter denne kommer man til Amagertorvet som så går over i Østergade. Denne ender opp på Kongens Nytorv, som bare er et sten-kast fra Nyhavn.

Med en rekke uteserveringssteder der ved kanalen, er stedet en opplevelse i seg selv.

Nettopp kommet inn i Østergade og uten at det på noen måte er trengsel, kjenner jeg plutselig et "øksehugg" i høyre hel. Skriker til og synker ned i knærne. Selvfølgelig var det ikke en øks det dreier seg om, men treffet var perfekt, midt på akillessenen.

Idet jeg får snudd meg står det to unge personer rett bak meg, hvorav den ene er fører av en to-hjulet tralle full av aviser, jeg vil tro i en høyde av godt over en meter, og den andre med en paraply og en liten mappe under armen. Begge unnskyldte seg og oppførte seg helt eksemplarisk, hvoretter jeg heller ikke fant grunn til å dra frem den dype stemmen.

Med en kommentar om at alt var i orden halter jeg videre, idet jeg er fullstendig klar over at den store skaden ikke hadde oppstått.

Jeg har tidligere hatt den store akillessenen delvis røket, så jeg vet hva det dreier seg om.

Den historien lar vi ligge, da den var selvforskyldt og skjedde på tennisbanen.

I sin fullstendig ubevisste tilstand har tralleføreren antagelig vær oppslukt i en diskusjon med kollegaen, han med paraplyen.

Noen vil kanskje felle en mildere dom enn at han var ubevisst, for eksempel at han bare var uoppmerksom, noe jeg selvfølgelig har full sympati for.

MINE TANKEVEKKERE OM
BEVISSTHET OG UBEVISSTHET

BEVISSTHET

Opptrer du Bevisst i det daglige unngår du mange utfordringer,
samtidig som du hjelper andre til å unngå å komme i vanskeligheter.

Sept. 2019

BEVISSTHET - UBEVISSTHET II

Behersker du Bevisstheten vil Ubevisstheten få lite spillerom.
Men vær på vakt.

2023

BEVISSTHET - UBEVISSTHET III

I Ubevisst tilstand er du ikke i stand til å handle bevisst–
du er ved full bevissthet, men handler Ubevisst.

2019

BEVISSTHET – UBEVISSTHET IV

Alle bevisste mennesker vil i det daglige kunne registrere i hvor stor
grad Ubevisstheten er utbredd.

2019

DETALJER
2017

"På mange måter er det synd at det er detaljene som teller, for de er som regel kjedelige og tidskrevende å få på plass".

Dette skrev jeg om en gang i 2015. Detaljene er nok kjedelige for mange, men ikke for alle. For meg er det slik at detaljene ofte er kjedelige, men dreier det seg om en detalj som skal til for å løse en utfordring, kan jeg bli helt besatt av å finne eller løse detaljen som skal til, stor eller liten.

Uansett, generelt stå jeg på at det er detaljene som teller, og at de ofte er kjedelige.

Refleksjonen om bagatellen skrev jeg i april 1994, og den starter som følger:

"Jeg er en liten bagatell, et ord en lukt, en smak. Sagt, følt eller sanset, er jeg en avgjørende faktor i sammenhengen. Jeg er av den aller største betydning".

På samme måte må jeg nok si at det ofte er detaljene som teller, og at de er avgjørende.

"Man sier ofte at det er de små ting som teller, der har du meg igjen, bagatellen".

Føler du ikke at bagatellen er noe lite - en stor bagatell lyder på en måte ikke riktig, eller hva?

En av flere beskrivelser av en bagatell er: "Liten og mindre viktig sak". En detalj derimot, kan i hvert fall slik jeg ser det, i tillegg til å være liten, også være stor. Allikevel er det kanskje slik at detaljen oftest blir satt i forbindelse med noe lite: "Det manglet bare den lille detaljen".

Jeg er av den oppfatning at dette er mer talemåter.

En av flere beskrivelser av en detalj er: "enkelhet, del av

et hele".

Vel, "enkelhet" har vel ingen ting med størrelse å gjøre, og det har heller ikke "en del av et hele".

Etter dette blir det for meg litt mer dimensjon over detaljene, gjør det ikke det?

En detaljert rapport er så visst ikke en bagatell, like lite som detaljene i et regnskap er det.

Detaljerte beskrivelser av enhver art kan du karakterisere som det stikk motsatte av noe som har med bagatellen å gjøre.

Nei, ser man på eksempler som disse, bør detaljen og bagatellen ikke på noen måte benyttes om hverandre.

Hvorfor i all verden har jeg gitt meg i kast med disse detaljene når jeg nå ser hvilke dimensjoner detaljene kan innta?

Selv lærte jeg detaljenes betydning på en ikke akademisk måte.

Under mitt skoleopphold ved Olivettis fabrikker i Nord Italia som 17-18 åring, skulle jeg utdannes som teknisk instruktør. Det vil si at jeg etter utdannelsen skulle lære opp våre teknikere, eller mekanikere som de het den gang. På slutten av femtiårene var alt teknisk fremdeles mekanisk.

Ikke for å gå for mye ned i detaljene, men hva er forskjellen på en tekniker og en mekaniker?

Ifølge Wikipedia: "Tekniker er en yrkestittel på en person med tekniske arbeidsoppgaver, mens en mekaniker er en håndverker som bruker verktøy til å reparere maskiner."

Da passer det hele litt bedre.

Som blant annet generalagent for Olivetti Kontormaskiner hadde vårt firma Max Manus Kontormaskiner i Norge rundt 40 mekanikere, samt et stort forhandlernett med vel så mange.

Den gang kalte man en spade en spade.

Uten forkleinelse for noen, men i dag har jeg ett inntrykk av at alle er ingeniører, enten de har utdannelse eller ikke, så i denne sammenheng er antagelig ikke den detaljen så viktige. Jeg referer her til mine erfaringer i Spania, ikke i Norge.

Når det gjaldt å reparere en Olivetti Divisumma 24 regnemaskin med flere tusen mekaniske deler og med nærmere hundre justeringer på mindre enn en millimeter, ja, da var det detaljene det gikk på.

Bare *en* feiljustering kunne være nok til at maskinen ikke fungerte etter en reparasjon, så derfor førte den lille detaljen til at hele jobben måtte gjøres om.

Før jeg skrev denne refleksjonen, Googlet jeg på Olivetti regnemaskiner. Jeg håpet å finne det eksakte svar på hvor mange mekaniske deler en Divisumma 24 bestod av, men fant det ikke. Uansett, jeg husker i hvert fall at det var godt over tre tusen. Eksamen for en kvalifisert reparatør av denne maskintyper var at man skulle demontere hele maskinen, slik at hver minste del lå spredd ut på et stort bord. Deretter skulle maskinen monteres opp fra bunnen og alle justeringer utføres.

Som jeg ofte har nevnt på skrift er jeg håpløs når det gjelder data, er ikke delaktig i noen form for sosiale media, og kan knapt nok Google de enkleste ting.

Hva som slår meg når jeg trykker på "enter" etter å ha Googlet Olivetti regnemaskiner, er at det første jeg ser er en presentasjon av min siste bok "70 år i kommunikasjon" - Om firmaene Max Manus fra 1946 til 2016.

Selvfølgelig forstår jeg at det danske forlaget BoD (Bod. dk), som har utgitt boken, driver markedsføring, men at å Google Olivetti regnemaskiner skulle føre til at min bok er det første jeg får presentert, er etter min mening ganske snedig.

Som du forstår fant jeg ikke frem til det eksakte antall deler en Divisumma 24 bestod av, men den detaljen, selv om det dreier seg om vel tre tusen, er antagelig ikke det viktigste for dem som har tatt bryet med å lese denne refleksjonen om detaljer.

MINE TANKEVEKKERE OM DETALJER

DETALJENE
På mange måter er det synd at det er Detaljene som teller,
for de er ofte kjedelige og tidkrevende å få på plass.

DETALJER OG HELHET
For mange er Detaljene mangfoldige og kjedelige -
mens Helheten fortoner seg som enklere.

DETALJER I
Etter min mening er det ikke alltid nødvendig med Detaljert kunn-
skap for å ta gode avgjørelser.
Juli 2023

DETALJER II
Etter min mening kan du godt være kunnskapsrik uten detaljkunn-
skap.
Juli 2023

DU ER ALENE
Juni - 2015

Dette er ikke et postulat om at du er alene, forstått som at du ikke har familie eller venner som både står deg nær og er glad i deg.

En rimelig lang fartstid på livets reise har gitt meg all grunn til å føle at jeg både har venner og familie som setter pris på meg, så på den måten har jeg aldri følt meg alene, altså i den forståelsen av ensomhet.

Den form for å være alene jeg tenker på, er relatert til de utfordringer som nok mange av oss har stått overfor.

Du kommer i forskjellige sammenheng til et punkt, eller kanskje bedre sagt til en topp, hvorfra du normalt bare ser ned for å finne svar.

Hvorfor du bare ser ned er i og for seg logisk nok, for det er bare der nede du kan se konkrete håndfaste realiteter, det er normalt derfra du har høstet dine erfaringer.

Ser du opp er det jo bare det store intet.

Er det dag kan inntrykket være grått og trist, men også lyst og klart når solen skinner fra en skyfri himmel. Uttrykket at: "over skyene skinner alltid solen", kan ellers være godt å minnes for å kunne se litt lysere på tingene.

Er det natt og overskyet er det svart, men er natten skyfri ser du et uendelig hav av stjerner og gjerne månen som den største lyskilde.

For mange ligger svarene på livets allsidige utfordringer der oppe, uansett hvilken tro du representerer.

Mange styrer hele sitt liv relatert til kontakten man har med det "høye", i form av sin religion.

For dem det gjelder blir dette både greit og enkelt vil jeg tro, selv om nok troen i seg selv kan settes på store prøver.

Selv mener jeg og ha hatt min rimelige dose av utfordringer gjennom livet, og har som en av mine slagord: "Det er stort sett bare gjennom utfordringer, og takling av dem, at du lærer og kommer videre."

Hvilket forhold den enkelte av oss har til "bønn" får bli en privatsak.

Etter hvert som min datter og svigersønn tok over driften av firmaet, ble det nok naturlig at det var han som stadig ble stilt overfor nye og ofte uventede utfordringer.

Han har en sterk og kraftig holdning til det meste, og håndterer etter min menig utfordringer på beste måte.

Selv er jeg varsom med å komme med råd hvis jeg ikke blir direkte spurt, men det er en ting jeg alltid har forsøkt å overføre til ham fra min egen erfaring i forretningslivet.

Selv om du har aldri så gode medarbeidere, vil det garantert og oftere enn du tror, oppstå situasjoner hvor du er alene. Det er deg som må ta avgjørelsen og det er ingen andre du kan spørre enn deg selv.

Som et resultat av det er det også deg som må ta konsekvensene av dine avgjørelser.

Det vil alltid oppstå situasjoner hvor det bare er deg som sitter med alle informasjoner, fordi disse, av gode grunner, ikke kan deles med andre.

Det er blant annet det som følger med jobben som ansvarlig leder.

Min svigersønn har ved flere anledninger stått overfor

utfordringer hvor jeg har minnet ham om dette, men så lagt har jeg et bestemt inntrykk av at det har vært fullstendig unødvendig.

Jeg tror han er seg den saken helt bevisst.

Mange som leser dette vi kanskje ikke helt forstå eller være enig i at det er slik.

Spesielt de som selv befinner seg i ledende stillinger, men som ikke er den endelig ansvarlige. De vil og med rette, sett fra deres ståsted, mene at de er gode støttespillere, noe de selvfølgelig også er.

Det samme gjelder styremedlemmer. De vil på samme måte mene at det blant annet nettopp er derfor de sitter i styret, for å kunne bistå topplederen. De vil også fra sitt ståsted mene at de er gode støttespillere, noe de også sikkert er.

Men, og det er dette viktige, men-et som jeg tror bare kan forstås av den som sitter med det endelige ansvar:

Det vil alltid oppstår situasjoner hvor du er alene.

Som man forstår av ovenstående Refleksjon dreier det seg ikke om å være alene fysisk, men å være alene om å ta avgjørelser eller trekke konklusjoner som kan få uanede følger. De fire Tankevekkerne som følger på neste side, er basert på det.

MINE TANKEVEKKERE OM
DU ER ALENE

DU ER ALENE I
Det er stort sett bare gjennom utfordringer, og takling av dem,
at du lærer å komme videre.
2015

DU ER ALENE II
Selv om du har aldri så nær familie og venner, vil det oftere enn du
tror oppstå situasjoner hvor du står alene med dine avgjørelser. Det er
deg som må ta dem og det er ingen andre enn deg selv du kan spørre.
2015

DU ER ALENE III
Situasjoner hvor du er alene kan oppstå i de tilfeller hvor det bare er
deg som sitter med alle informasjoner, som av gode grunner ikke kan
deles med andre.
2015

DU ER ALENE IV
Det vil alltid kunne oppstå situasjoner hvor du er alene.
2015

FORSTÅELSE II
Juni 2017

Ønske om forståelse, og viljen til å forstå, er fundamental.

Ønsker man ikke å forstå eller avviser tanken om å forstå, blir det selvfølgelig ingen forståelse, og da kan man heller ikke forvente å bli forstått.

Du må ha vilje og ønske om å forstå for at det skal bli forståelse.

Forståelse krever med andre ord både ønske og vilje.

Kommer du lenger med forståelse?

Etter min mening er det ganske klart.

Alle avgjørelser, hvis de skal ha noen verdi, må være basert på forståelse, altså basert på viljen til å forstå det saken gjelder samt partene som er involvert.

Klart at det i mange tilfeller er mye enklere å la forståelsen komme i bakgrunnen, ikke bruke vilje, krefter og tid på å forstå. Da vil imidlertid sannsynligheten være stor for at avgjørelser som tas vil bære preg av dårlig kvalitet.

Tenk om det bare var så enkelt og forståelig.

Såkalte forståsegpåere er ellers ikke alltid like lette å forstå, selv om man legger viljen til. De kommer ofte med enkle og klare postulater om all verdens ting og forhold, men takket være sin personlighet faller de ofte i den menneskekategorien som kalles usympatiske.

Bedrevitende personer kan gjerne ha rett, men det hjelper ikke når de overbringer budskapet på en usympatisk måte, altså med et snev av at: "Jeg vet best".

De som på den annen side opptrer bevisst og heller holder den litt mer beskjedne stilen, vil som regel både bli respektert og verdsatt.

"Forstår du det"? er et uttrykk som ofte benyttes når man vil forvisse seg om at ens budskap er forstått.

Litt vel kommanderende etter min mening. Her krever man at vedkommende har forstått. Man forventer et Ja - det forventes en bekreftelse.

For mange blir det vanskelig å si nei, selv om det egentlig er det de mener. For den ene part er dette selvfølgelig riktig, men hva med kvaliteten av forståelsen.

Hvorfor ikke prøve seg med et litt svakere spørsmål? "Jeg håper du har forstått". Det gir full adgang til å fange opp eventuell usikkerhet, og kan gi et svar som: "Ja, men jeg har et par spørsmål". Dialogen er i gang, forståelsen underbygges, kommunikasjonen får en riktig balanse og forutsetningen for et godt resultat er lagt til rette. Det ligger vilje til forståelse i luften.

Flisespikkeri vil mange si, spesielt i vår tid hvor SMS og e-post skal forkortes til det uforståelige.

Nå er man til og med kommet så langt på enkelte nyhets-kanaler på TV, at man gjør alt for å få plass til informasjonen, eller budskapet, på en linje.

For å oppnå det innføres en rekke forkortelser, som for en rekke av oss vanlige mennesker er totalt uforståelige. Selv med velvilje blir det vanskelig å forstå.

Hvor blir det da av forståelsen? Ja, den som kan forstå det.

Antagelig er det bare oss i "vintage alderen"som sukker.

I debatter hører man faktisk innimellom noen som på diplomatisk vis prøver seg med følgende, som inngangen til et svar på et innlegg:

"Jeg har stor forståelse for det du sier, men …".

Det varer nok ikke lenge før også den formen forsvinner helt. Det går da mye greiere når man direkte sier: "Jeg er uenig i det du sier".

Jeg håper det er forståelse for mitt syn på forståelsens betydning.

P.S. Først etter at denne refleksjonen var ferdig, kom jeg på at "Forståelsen" allerede har fått sin refleksjon. Den ble satt på papiret i oktober 2013 og er med i Mine Livsverdier I.

Vel, det er blitt nærmere 200 refleksjoner etter hvert, så man må ha meg tilgitt.

En annen sak er at den første av disse to fokuserer mest på Forståelsen mellom mennesker, mens denne handler mer om "Forståelsen" som sådan, og viljen til å forstå.

MINE TANKEVEKKERE OM FORSTÅELSE

FORSTÅELSE IV

Det er kun det du forstår du kan gjøre noe med, men glem ikke at det du forstår er sett ut fra ditt ståsted.

April 2021

FORSTÅELSE V

Forståelse er ett av de viktigste ord vi har. Hva gjør du med det?

Juni 2021

FORSTÅELSE VI

Det er når man ikke forstår at man ikke forstår, at de virkelige utfordringene starter.

Juli 2021

FORSTÅELSE VII

At du synes andre ikke forstår, betyr ikke at du har rett i din egen overbevisning om at du har rett.

Sept 2020

RIKTIG OG GALT?
August 1990

Eller skulle spørsmålet heller være: Hvem har rett og hvem tar feil?

Ja, for det er vel egentlig om dette de fleste strider står.

Min enkle påstand er at alle har rett ut fra sine forutsetninger. Er det derved så enkelt som å si at hvis bare alle hadde de samme forutsetninger, så ville man ikke lenger ha striden om hvem som har rett eller hvem som tar feil?

Alle ville med andre ord være enige - altså ingen strid.

Tenk så enkelt, men allikevel så utrolig langt fra virkeligheten.

Forutsetninger kan dreie seg om å besitte informasjoner. Da må det naturligvis også dreie seg om tolking av de samme informasjoner.

Det er i denne sammenheng nærliggende å trekke inn personlige evner og egenskaper, så vel som kulturell og politisk bakgrunn.

Allerede her forstår du at vi stanger mot en mur - vi må bare blankt erkjenne at "alle har rett ut fra sine forutsetninger".

Noen - ja kanskje de fleste av oss - mener selvfølgelig at vi ser dette litt klarere enn andre og mener at; jeg vet hva som er riktig og at det er de andre som tar feil.

Det er selvfølgelig godt å tenke på når du går litt ned i dybden av tingene - eller hva?

Tror nok de fleste er enige om dette.

Og nå, som vi står ved erkjennelsen - hva gjør vi?

Lar vi tingenes tilstand være som de er i vår selvforherli-

41

gelse? Det er selvfølgelig det enkleste, du vet jo innerst inne at du har rett, ikke sant? Og det betyr jo egentlig at de andre tar feil, eller hva?

Står du litt fjernt fra problemene, fnyser du litt og føyer gjerne til: Har du hørt maken til vås? Eller: de kan da umulig ha noen peiling på hva de bedriver.

Det faller antagelig lettere med slike tanker jo fjernere fra problemene du befinner deg.

Blir problemene av mer familiær karakter, svir det nok på en annen måte og vi blir vel også vanligvis mer forsiktige med våre, til tider, sleivete bemerkninger.

Skulle vi i et erkjennelsens øyeblikk stille oss spørsmålet: Kan jeg gjøre noe for å påvirke, kan jeg gjøre noe for å mildne ytterpunktene?

Et godt uttrykk er "sannheten ligger som regel et sted midt imellom".

Hvilke egenskaper skal så til for å finne sannheten?

Nei, nå går han helt over stag. Sannheten finnes ikke, i hvert fall ikke hvis den divergerer fra min oppfatning.

Hei-sann, der var den igjen.

Kan ordet objektivitet benyttes?

La oss smatte litt på det - objektivitet - objektivitet. Betyr ikke det: Sett med uhildede øyne - uten å ta parti - upartisk - sett utenfra - bygge bro mellom?

Ikke dumt, eller hva?

Tenk om du på en måte kunne trekke deg ut - sette deg utenfor - og fra den posisjonen rolig se inn på problemet.

Tenk om du kunne betrakte begge sider - være selvkritisk når det gjelder de informasjoner og dermed de forutsetninger du sitter inne med når det gjelder saken.

Tenk om du kunne være stor nok til å la tvilen tilfalle den som synes å "svømme mest", før du kommer med dine egne meninger.

Ja tenk!

Er det ikke dette som med et enkelt ord kan kalles megling?

Er det derfor de kalles diplomater, disse underlige mennesker som vi stort sett bare ser i sorte Mercedes-er med blå skilt?

Kalles de diplomater fordi de forsøker å bygge broer mellom land, kulturer og religioner?

Selvfølgelig er det derfor - det vet vi jo.

Ja, men så vet da også de fleste av oss at de stort sett bare snakker uforståelig vås, ikke sant?

Eller er det slik?

Nei, prøv i det daglige å opptre bare litt mer objektivt - bare litt mer diplomatiske - kanskje bare i noen ganske få sammenhenger hver uke.

Hver og en av oss behøvde ikke å strekke seg lenger, før vi ville se at verden ville bli svært mye bedre å leve i.

P.S. Legg merke til at jeg i denne Refleksjonen, som jeg skrev i 1990, altså for rundt 35 år siden, har nevnt ordet "problem" fire ganger.

Jeg har for lengst erstattet ordet "problem" med "utfordringer", noe de første fire Tankevekkere på neste side handler om. De neste fire er relatert til denne Refleksjonen: Riktig og galt.

MINE TANKEVEKKERE OM
RIKTIG OG GALT

PROBLEM - UTFORDRINGER
Et problem kan være komplisert å løse. Se på Problemet som en utfordring, så blir løsningen lettere.
Sept. 2019

UTFORDRINGER IV
Det er ikke bare deg som møter Utfordringer, det gjør alle. Det er måten vi takler dem på som er forskjellig.
Okt. 2019

PROBLEMER - UTFORDRINGER II
Alle kan se problemer når man møter dem. Kunsten er å snu Problemer til Utfordringer og å løse dem.

PROBLEMER - UTFORDRINGER III
Erstatter du problemer med Utfordringer lyder det så mye mer positivt. Står du overfor utfordringer trigges fantasien, mens møtet med Problemer kan synes lite inspirerende.
Mars 2019

OM Å HA RETT

Hvorfor ikke spise kamelen, hvis det er slik det føles når du medgir at andre har Rett, og simpelthen ta lærdom av det? Hvorfor er det så viktig for de fleste av oss å ha Rett? Det er som om vi hele tiden må overbevise oss selv om at det gir gevinst å ha Rett mens det er nederlag å ta feil.

Desember 2018

RIKTIG OG GALT I

Min enkle påstand er at alle har rett ut fra sine forutsetninger. Er det derved så enkelt som å si at hvis bare alle hadde de samme forutsetninger, så ville vi ikke lenger ha striden om hvem som har rett eller hvem som har feil?

August 1990

RIKTIG OG GALT II

Det å ha rett ut fra sine forutsetninger dreier seg om å besitte informasjoner, og da må det naturligvis også dreie seg om tolking av de samme informasjoner.

August 1990

RIKTIG OG GALT III

Jeg vet hva som er riktig og det er de andre som tar feil er det mange som hevder og har det godt med den innstillingen. For dem er det selvfølgelig det enkleste. De mener jo innerst inne at de har rett, og det betyr naturligvis at de andre har feil. Det de imidlertid har glemt er forutsetningene, nemlig at alle har rett ut fra deres ståsted.

August 1990

IGNORANSE

Oktober 2013

Hvorfor i all verden dveler jeg ved dette ordet. Heldigvis blir det ikke brukt så mye, men når det blir brukt er det som regel i alvorlig sammenheng.

Hvis det er slik at du i den daglige verden forbinder ignoranse med dumhet, noe jeg tror vi ofte gjør, ja så er det feil og i så tilfelle kan det være verdt å fordype seg litt i ignoransen.

Jeg tar på ingen måte opp konkurransen med Wikipedia eller andre, som med sider opp og sider ned presenterer all verdens fortolkninger av ordet.

Kanskje er det noe jeg oppfatter som selvmotsigende i tolkningene jeg dveler ved.

Hvis ignoranse har noe med det å ignorere og gjøre, noe som vel lyder rimelig, virker det kanskje i denne sammenheng litt søkt at det å ignorere visstnok betyr noe sånt som: "å nekte å ta hensyn til", mens ignoranse blant annet beskrives som: "å late som man ikke kjenner til eller vet noe om det eller det, eller å være likeglad med".

Ser man på ordet ignorant, altså det å være ignorant, som vel også har noe med ignoranse å gjøre, så beskrives det blant annet med: "å mangle kunnskap om eller å mangle kjennskap til det eller det". I denne sammenheng også: "å mangle utdannelse eller å være usofistikert".

Videre beskrives ordet ignorant som følger: "en person som er i en tilstand av å være uvitende; ofte brukt som en fornærmelse for å beskrive individer som med vilje ignorerer eller ser bort fra viktige informasjoner eller fakta". Jeg ser dette som likt med: "å uttale seg mot bedre vitende".

Allerede her blir det vanskelig for oss vanlige å følge med og dette er jo bare noen meget enkle vinklinger.

Jeg hadde nok ikke gitt meg i kast med dette med ignoransen hvis jeg ikke hadde noen egen-opplevelser relatert til ordet. Disse skal jeg ikke referere til, hverken med navn eller situasjon, men mer med holdninger som sikkert flere kan identifisere seg med, enten ved å analysere seg selv eller trekke frem erfaringer man har hatt.

Strutsen er kjent for å stikke hodet ned i sanden når den værer fare. Den tror derved at den er usynlig og ikke blir lagt merke til. Faktum er at den selvfølgelig er like synlig, mens selvbedraget gjør den trygg.

Hva har så strutsen med ignoranse å gjøre, og ikke minst med mine egne opplevelser i den sammenheng?

Jo, ellers intelligente og velutdannede mennesker, som ikke på noen måte er dumme, kan i spesielle sammenheng opptre med ignoranse.

Fullt tilgjengelig informasjon er til stede når det gjelder alle sider av en sak. Det vites også med rimelig sikkerhet at den eller de det gjelder må sitte inne med disse informasjonene.

Ytre indoktrinering kan antagelig også spille en vesentlig rolle når det gjelder adferdsmønsteret.

Allikevel skjer det igjen og igjen at deres handlingsmønster tydelig bærer preg av at reelle tilgjengelige informasjoner fullstendig tilsidesettes, med andre ord ignoreres, noe som ufravikelig bærer preg av ignoranse fra vedkommendes side, eller hva?

Er dette bevisst, eller blir det bare sånn? Er det en form for beskyttelse, altså strutseleken, eller er det en handling man er seg fullt bevisst?

Igjen må vi holde oss klart at: "ignoranse adskiller seg fra stupiditet, selv om begge kan lede til ukloke handlinger".

I mine selvopplevelser velger jeg å tro at handlingene ikke har vært fullt bevisste.

Velger jeg å tro at de var fullt bevisste handlinger får det hele et mye mer alvorlig preg, som skulle ha ført til dertil egnede konsekvenser.

Godt jeg er tolerant.

Hvis jeg holder meg til den tidligere nevnte beskrivelse av ordet ignorant: "en person som er i en tilstand av å være uvitende; ofte brukt som en fornærmelse for å beskrive individer som med vilje ignorerer eller ser bort fra viktige informasjoner eller fakta", så er det vel den jeg holder meg til når det gjelder mine egne opplevelser.

Fullt vitende om at jeg kan ha misforstått detaljer rundt mine tolkninger av ignoranse, har jeg i hvert fall ut fra mine forutsetninger rett.

Er du nysgjerrig på hva jeg mener med det, kan du ta en titt på min tidligere refleksjon: "Riktig og Galt".

Ellers må jeg nok tilstå at, selv om jeg ikke har vært meg det bevisst, så kan det godt ha hendt at jeg selv i et knipetak har benyttet denne form for ignoranse.

Det ville ikke forbause meg om det å "uttale seg mot bedre vitende" er betydelig mer utbredt enn jeg har antatt.

MINE TANKEVEKKERE OM IGNORANSE

IGNORANSE I

En beskrivelse av ordet er: «Å late som man ikke kjenner til, eller vet noe om det eller det, eller å være likeglad med.»Ellers Intelligente mennesker, kan i spesielle sammenheng opptre med ignoranse. Fullt tilgjengelige informasjoner er til stede når det gjelder alle sider av en sak, og det vites med rimelig sikkerhet at de det gjelder sitter inne med disse informasjonene. Allikevel uttaler de seg «mot bedre vitende».

Okt. 2013

IGNORANSE II

Hvis Ignoranse har noe å gjøre med det å ignorere virker det kanskje litt søkt at det å ignorere visstnok også betyr: «Å nekte å ta hensyn til».

Okt.2013

STRUTSELEKEN

Strutsen er kjent for å stikke hodet i sanden når den værer fare. Den tror derved at den er usynlig og ikke blir lagt merke til. Faktum er at den selvfølgelig er like synlig, mens selvbedraget gjør den trygg. Hvis mennesker som uttaler seg mot bedre vitende er seg dette bevisst,kan resultatet få alvorlige følger.

Okt. 2013

IGNORANSE OG DUMHET

Ignoranse adskiller seg fra Dumhet, selv om begge kan lede til ukloke handlinger.

KONSEKVENSER
Mars 2014

Ordet konsekvens i seg selv sier egentlig svært lite. Det kan ses i mange sammenheng og en av dem dreier seg om å ta konsekvenser av sine handlinger.

I min konfirmasjons-tale til mitt barnebarn Nicolas i september 2013 kom jeg inn på dette med konsekvenser og at det for meg er tre stadier av konsekvenser relatert til ens handlinger som teller når det gjelder menneskers utvikling:

Utdrag direkte fra talen den 7.8.2013.

"Først har vi den ubevisste konsekvens.
Det er den som alle barn helt instinktivt benytter i sin utvikling. Hvor langt kan jeg tøye strikken før den ryker, altså før det får konsekvenser.

Du har opp gjennom årene vært en særdeles flittig bruker av metoden Nicolas og det virker til tider som om du går over streken med en klar oppfatning om at det skal bli spennende å se hva som skjer denne gangen.

Denne fremgangsmåten benyttes av alle barn og er sunn, selv om den til tider kan bli en vel stor prøvelse for foreldrene.

Den neste er den bevisste konsekvens.
Alle handlinger får konsekvenser i en eller annen form. Etter hvert lærer du deg imidlertid å forstå hva konsekvensene er av dine handlinger, mens du allikevel ofte lar det stå til. Du lærer sikkert av det, selv om det til tider kan svi, resultere i et blått øye eller det som verre er.

Videre lærer du at konsekvensene ikke alltid er de samme for de samme handlinger og det kan gi nye og overraskende opplevelser.

Dette tar det tid å erfare, noe som igjen kan koste.

Hvis du ikke handler i det hele tatt skulle du tro at du slapp unna, men da blir du hengende etter når det gjelder erfaring og det kan lett forsinke prosessen.

Sånn mitt på stammen må være mitt råd til deg i denne sammenheng.

Den tredje er den styrende konsekvens.

Det er den hvor du før handling, nøye avveier konsekvensene. Handlingen skjer nå ikke uten at du har en ganske klar oppfatning av konsekvensene.

Når du når så langt vurderer du om handlingen er verdt konsekvensene og da er du godt på vei videre i livet".

Man kan lett bli litt forvirret hvis man titter litt mer inngående på hva det egentlig menes med ordet konsekvens.

Ett oppslagsverk fremstiller en konsekvens som en logisk følge av noe forutgående, som enten kan være et faktum som man empirisk eller logisk har funnet frem til, eller en hendelsesmessig årsak til at noe skjer. En hendelse kan godt ha flere forskjellige konsekvenser.

Ta en nærmere titt på denne forklaringen på en konsekvens og se om det gir deg en helt klar forståelse; selv har jeg litt problemer.

Nok om det, Nicolas mente i hvert fall at han hadde

forstått betydningen. Kan ikke tenke meg at han festet seg ved det empiriske eller det logiske, ordet konsekvens er bare noe man intuitivt forstår, selv i tidlig alder.

Helt riktig, ordet empirisk stammer fra det greske "empiri", som igjen betyr "erfaringsmessig".

Ikke det at jeg tror du ikke visste det, men jeg slo det for ordens skyld opp. Det med det logiske lar vi passere uten nærmere kommentar.

Når det gjelder Nicolas tror jeg han har en rimelig sterk "empirisk" grunn til å forstå det med konsekvenser.

En av konsekvensene av at man er såkalt stor i kjeften, kan være at man får seg en på "trynet". Ingen grunn til å legge skjul på at dette har skjedd meg noen ganger, men det var tidlig i ungdommen og godt før jeg fikk dette med konsekvenser klarere for meg.

Jo eldre du blir jo mer erfaring og derved bedre rustet blir du til å analysere konsekvensene, men du blir antagelig aldri i stand til helt å unngå dem. Nå er det jo heller ikke slik at du ønsker å unngå alle konsekvenser, det er jo også de gode konsekvensene innimellom, som du gjerne vil oppleve.

Jo da, de gode konsekvensene ligger på lur hele tiden, selv om ordet konsekvens nok mest blir brukt i uheldige sammenheng.

Et eksempel på gode konsekvenser kan være at du har gjort noen en tjeneste som for vedkommende kan ha vært betydningsfull.

Konsekvensen av det er at du får en god følelse og den

er ofte mye mer verdt enn andre former for belønning.

Tenker du deg om er det mang en handling i dagliglivet som kan gi gode konsekvenser, Ikke minst mellom mennesker som står hverandre nær.

Den lille omtenksomheten som ofte ikke koster noe, kan gi uendelig gode konsekvenser. Men, vær på vakt, et utilsiktet ord til feil tid kan ofte være nok og føre til utilsiktede konsekvenser.

Min kone og jeg foretok på slutten av forrige år en handling som skulle få helt andre konsekvenser.

Jeg vokste opp med hunder og hadde, helt frem til jeg giftet meg med min nåværende, alltid minst en engelsk setter. Som en konsekvens av det mener jeg i all beskjedenhet å være i besittelse av en del erfaring med hunder.

Min kone hadde en korthåret dachs i mange år før vi traff hverandre, for vel tjue år siden, så hun er også vant til hva det vil si å ha hund.

Imidlertid, som en konsekvens av at hun overtok den i voksen alder etter at en skilsmisse hadde forhindret de tidligere eiere i fortsatt å beholde den, så var den både stueren og vel-oppdradd, så hun hadde med andre ord ingen erfaring med valper. Det må også for ordens skyld tilføyes at det nå er over tjue år siden jeg hadde min siste engelsksetter.

Uansett, på hennes initiativ, etter i lengre tid å ha snakket om det og veiet for og imot, satte vi senhøstes i fjord i gang en undersøkelse med sikte på anskaffelse av en liten korthåret dachs.

Jeg skal tilføye at hund nummer to i mitt første ekteskap ble et kompromiss, da det ikke var helt enkelt å ha en engelsk setter i en byleilighet, så det ble en strihåret dachs. Tross alt var det en jakthund, selv om den ikke ville bli brukt til det av meg, ettersom jeg bare gikk på fuglejakt i min tid som jeger.

Som en konsekvens av at vi hadde bestilt dachsen, opprant dagen da vi fikk beskjed fra eieren av den lokale dyrebutikken i Vera, vår nærmeste by, at vår korthårede dachs "Duke" som den allerede var navngitt av oppdretteren, var i anmarsj fra Toledo.

Konsekvensen av at vi på det tidspunkt befant oss i Portugal for å spille golf, ble at han tilbød seg å beholde den, den uken det ville ta før vi var hjemme igjen.

Alt vel og en stor begivenhet var det den dagen vi hentet vårt nye familiemedlem på rundt fire måneder. Fra før hadde de eieren av dyrebutikken en fransk bulldogg på vel fire år og når vi møtte de to i butikken var det klart at lille Duke allerede hadde satt seg i respekt. Eieren fortalte at den lille valpen helt fra første dag hadde gjort det klart hvem som skulle først til matfatet. Konsekvensen av Dukes opptreden ble at den franske umiddelbart hadde innfunnet seg med situasjonen.

Samtidig med at vi hentet Duke, kjøpte min kone en rekke nødvendig utstyr, så som transportkasse for reiser med teppe, seng som skulle plassere på vårt lille kontor hvor vi hadde bestemt at den skulle sove, halsbånd, hundebånd og festeanordning for biltransport samt spesielle bleielignende tepper for det flytende og det som i mer fast form er en naturlig del av dagligdagen. Videre både mat, godbiter og tre leker for oppmuntring, både med og uten innebygde pipelyder.

Stemningen var stor og Duke vannet av glede ved hvert eneste forsøk på å løfte den opp; kontakten var umiddelbar.

Bilen hadde vi utstyrt med et fargerikt rutete teppe vi hadde kjøpt i Scotland tidligere og som vi mente det var fint for den å bli vant til i bilen.

Vel hjemme i leiligheten fant Duke seg umiddelbart vel til rette.

Enda et skotsk teppe ble plassert i den ene sofaen, den min kone benytter og hvor vi mente den skulle kunne oppholde seg når vi alle tre var hjemme og den følte trang til litt hvile.

Et par av de bleielignende teppene ble plassert på gulvet mens vårt nye familiemedlem saumfarte hver centimeter av kontor, mellomgang og den åpne kjøkkenavdelingen i stuen, samt denne.

Som en konsekvens av dens korte ben kunne den ikke komme opp i sofaen uten hjelp, så hver gang den forsøkte seg på det ble den løftet opp.

Ikke før den var oppe, så hoppet den ned igjen og forsvant inn på kontoret for umiddelbart å komme tilbake med en av lekene i munnen. Slik gikk det i ett før den totalt utmattet, etter at den forgjeves hadde forsøkt å komme opp på egenhånd, ble løftet opp i sofaen og lagt på teppet. Sekunder senere sov den som et barn til den litt senere var på full fart igjen.

På sine rundturer var den til tider utenfor synsvinkel og som en konsekvens av at vi ikke kunne se den, benyttet den anledningen til å gjøre fra seg. Selvfølgelig var de dertil egnede teppene knusktørre.

Lang historie kort, det gjenstod til sist å legge den i sin seng på kontoret, slukke lyset og lukke døren. Ettersom det var klart at Duke var min kones hund, som vi alle vet kan det kun være en sjef, var det hun som gjennomførte prosedyren. Det store spørsmålet var selvfølgelig hvordan den ville reagere på dette.

Til vår store forbauselse kom det ikke et knyst fra ham før neste morgen godt etter klokken sju. Da var det imidlertid full fart inne på kontoret.

Vi hørte pipelyder og små-klynk, samt klør som krafset på døren. Nå viste det seg at det ikke var døren ut til gangen og friheten den angrep, men skapdøren som skjulte tørrforet.

Vi hadde nøye fulgt instruksene om utmåling av måltidene, men allerede etter et par dager hvor den konstant viste att den var sulten, ble konsekvensen at disse ble lettere oppjustert.

Det samme ritualet gjentok seg hver morgen.

Min kone i tøfler og morgenkåpe med halsbånd og plastpose etter en logrende Duke, i håp om at den skulle gjøre fra seg ute. Det ble dessverre som oftest med håpet og da varte det bare minutter etter at de kom inn igjen før den fornøyd viste oss hvor flink den var, men sjelden skjedde det på de tilsiktede teppene.

Døren inn til vårt bad og soveværelse hadde vi i første omgang bestemt oss for å holde lukket. Alt innenfor hadde vi bestemt skulle være "out off bounds" for Duke.

Etter litt frem og tilbake med bruk av både pekefinger og streng stemme gikk det også greit med at døren var åpen så lenge den kunne se en av oss innenfor, men i det øyeblikk vi gikk fra gangen inn på badet eller soveværelset ble det naturlig nok for mye for den. Sekundet senere var den på vei inn. Konsekvensen av det ble at døren for det meste ble holdt lukket. Det får da også være grenser for hva man kan forvente av en hundevalp.

Den virkelig store konsekvensen i denne sammenheng kom etter fire uker med verdens skjønneste lille hund. Praktisk erfaring og sunn fornuft fortalte oss at vi simpelthen var blitt for "modne" til å ta konsekvensene av alle de utfordringer det ville representere og oppdra et nytt familiemedlem, for så og legge om livsstilen som vi etter femten år har vendt oss til.

Min kone luftet situasjonen med innehaveren av dyrebutikken en dag hun var forbi. Han kunne fortelle at både hans kone og datter hadde blitt svært lei seg når de måtte gi fra seg Duke etter den uken de hadde hatt den, men hadde av gode grunner ikke gitt uttrykk for det til oss. Han fortalte at de allerede var blitt svært glad i den.

Som en konsekvens av at hun spurte om han kunne tenke seg å overta ansvaret, konsulterte han omgående familien, som umiddelbart og med stor begeistring gledet seg til familie-økningen.

Når jeg sier at alle gledet seg, kan jeg ikke gå god for det franske familiemedlems innstilling, men har senere fått bekreftet at samarbeidet går glimrende.

Den utvilsomt litt triste konsekvens for oss nå, er savnet som allerede har oppstått etter fire uker sammen med Duke.

Den gode konsekvens er at vi kan besøke den når vi vil, og ha gleden av å se at den nå har fått et godt hjem og til og med en hundevenn, dog riktignok en franskmann. Den må helt klar ha lært seg å leve med konsekvensene av å ha fått en lillebror.

La du merke til at det var uvanlig mange konsekvenser i ovenstående? Hvor mange tror du? Helt riktig gjettet, hele femtito ganger er ordet nevnt.

Der kan du bare se, det er nesten ikke den ting som ikke i en eller annen form gir konsekvenser.

Jeg kunne med letthet ha plaget leseren med enda flere, men da ville refleksjonen antagelig fått utilsiktede konsekvenser.

MINE TANKEVEKKERE OM
KONSEKVENSER

KONSEKVENSER I
Eksempler på tre stadier av Konsekvenser relatert til ens handlinger når det gjelder menneskers utvikling: Den Ubevisste Konsekvens - Den Bevisste Konsekvens - Den styrende Konsekvens.

DEN UBEVISSTE KONSEKVENS
Det er den som alle barn helt instinktivt benytter i sin utvikling. Hvor langt kan jeg tøye strikken før den ryker, altså før det får Konsekvenser.

KONSEKVENSER II
Konsekvensene av å gi noen lillefingeren, kan bli skjebnesvanger hvis man ikke kjenner dem.
Nov. 2019

KONSEKVENSER - UTVIKLING
At barn tøyer strikken så langt at det får konsekvenser, er et ledd i deres Utvikling. Hva er så årsaken til at de, når de blir voksne, stadig fortsetter å tøye strikken; har de aldri lært?
Sept. 2019

KONSENTRASJON OG FOKUSERING
Mars 2013

Konsentrasjon er en egenskap jeg definitivt har for lite av. Hvordan er noen i stand til å hevde dette? Hvordan kan noe med sikkerhet hevde at man besitter en evne til god konsentrasjon, eller for den saks skyld hevde som meg, at denne egenskap har jeg for lite av? Hvordan måles dette?

Konsentrasjon betyr å være så opptatt av noe, at andre faktorer blir tilsidesatt eller simpelthen forsvinner.

Nå må jeg konsentrere meg for å komme videre med denne betraktningen. Jeg må med andre ord konsentrere meg om oppgaven og sette søkelys på den; bli så opptatt av den at andre faktorer blir borte. Hvordan gjør jeg det? Er det som å stirre ned i en trakt hvor man i bunnen plutselig ser det hele klart for seg, Eureka?

Er det sammenheng mellom det å konsentrere og det å fokusere?

Her blir det mange spørsmål, men langt mellom svarene.

Når det er noe man ikke får til der og da, er det lett å sette skylden på manglende konsentrasjon og fokusering.

I sportsverdenen er begrepene konsentrasjon og fokusering vel kjent.

Ingen vinner hvis konsentrasjonen uteblir og man mister evnen til å sette søkelys på oppgaven.

Spesielt fremtredende blir dette i de sportsgrener som trekker ut i tid, men hvor man hele tiden utfører individuelle prestasjons-ytelser.

Golfen er som i mange andre sammenheng nærliggende

å benytte som eksempel.

Over rundt fire timer, som en 18 hulls golfrunde helst bør ta, skal man utføre så få slag som mulig for å få ballen i hullet, alle forskjellig plassert på greenene, med opptil 14 variable køller. Ned mot 60 slag er prisgitt kun de beste i verden, mens rundt 100 + er langt det vanligste.

Hvert slag krever full konsentrasjon og fokusering og den minste forstyrrelser, enten fra spillerens egen side i form av uønskede tanker eller bevegelser, eller andre omliggende påvirkninger, kan lett føre til dramatiske feil.

Uansett sportsgren, det blir ofte evnen til konsentrasjon og fokusering som gjør vinneren.

Jeg har et typisk eksempel på min egen manglende evne, i sportssammenheng, til å utelukke utenforstående forstyrrelser.

Før golfen var jeg i mange år aktiv i leirdueskyting, nærmere bestemt den gren som kalles skeet.

Glemmer aldri episoden hvor jeg under et norgesmesterskap hadde kjempet meg frem til 99 treff av 100 oppnåelige, og står klar til skudd nummer 100.

Det manglet ikke på tilskuere, men ikke en lyd kunne høres.

Et treff ville føre til ny norgesrekord over 100 skudd, så med nervene på høykant gjør jeg meg klar til det siste skuddet.

Samtidig med at jeg roper på leirduen, hører jeg en stemme klart og tydelig: "Nå blir han norgesmester". Skuddet gikk av i samme øyeblikk jeg så skyggen av leirduen, som av en maskin skytes ut fra et tårn ved akustisk signal fra skytteren.

Det var det. Det utrolige var at vedkommende som kom med uttalelsen var den regjerende mester.

Tangering av den gjeldende rekord ble resultatet, og selvfølgelig en stor skuffelse.

Meget sannsynlig at jeg ville ha bommet uansett, men igjen, det er nettopp i øyeblikk som dette at evnen til konsentrasjon og fokusering er avgjørende.

Rent bortsett gull og sølv og bronse fra norgesmesterskap i lagskyting, ble det for min del aldri topplassering i individuelle norgesmesterskap. Helt til de siste 25 skuddene skulle avfyres, lå jeg flere ganger godt an til topplassering. Beste resultat ble bronse i august 1984.

Evnene var nok der, men min manglende konsentrasjon, fokusering og kontroll over konkurransenervene får ta skylden.

Treningsrundene var til tider helt opp mot det beste internasjonalt på den tiden, med personlig rekord på 197 av 200.

Til orientering gikk normalt skeet konkurranser over to dager den gang i 70 -80 årene, hvor det ble skutt 100 skudd hver dag, så det var nok av venting og distraksjoner.

Jeg har det langt lettere med konsentrasjonen når det gjelder å finne løsninger på forskjellige tekniske utfordringer. Da faller det lett å fortrenge andre forstyrrende faktorer. Men så er man da i seg selv, ikke eksponert som under utøvelser av konkurransesport.

Det hevdes at man kan trene opp konsentrasjonsevnen. Dette er jeg ikke i tvil om, men om det er like lett å få kontroll over konkurransenervene, hvis man ikke har medfødte evner til det, stiller jeg et spørsmål ved.

At noen har bedre kontroll over nervene enn andre synes for meg helt klart og at noen har langt bedre evner enn andre til konsentrasjon og fokusering er jeg heller ikke i tvil om.

MINE TANKEVEKKERE OM KONSENTRASJON OG FOKUSERING

FOKUSERING

Uansett hva som skjer rundt deg - Fokuser på det du står for, naturligvis med ydmykhet, men hold deg til dine prinsipper da du ellers vil drukne.

Juli 2019

FOKUSERING OG VIDSYN

Fokusering på målet er viktigst av alt - mens Vidsyn må til for å holde kontroll underveis.

KONSENTRASJON OG FOKUSERING I

Når det er noe du ikke får til, er det lett å legge skylden på manglende Konsentrasjon og Fokusering.

2013

KONSENTRASJON OG FOKUSERING

At noen har bede kontroll på nervene enn andre er det ingen tvil om. De som i det daglige er avhengig av å være topp utrustet i denne sammenheng vil arbeide med den saken, mens vi andre kan bruke tiden til, for oss, mer viktige oppgaver.

2023

LIVET
2016

Livet - hvem kan beskrive livet?

Livet har forskjellig verdi i de forskjellige kulturer og i noen samfunn er det tilsynelatende slik at livet ikke har noen verdi i det hele tatt.

Vi aner heldigvis lite annet om livet enn at det starter og at det på et uforutsigbart tidspunkt slutter.

Det eneste vi ellers vet om våre liv er at de leves av oss alle i en eller annen form, så lenge vi lever. Antagelig like forskjellig som det er antall mennesker på jorden, eller for den saks skyld ulike fingeravtrykk.

Noen har store ambisjoner i livet, mens andre ikke er seg den egenskapen bevisst.

Vi er alle forskjellige, kommer fra forskjellige miljø og tilhører forskjellige religioner.

Vi lever under forskjellige himmelstrøk, tilhører forskjellige samfunnsformer og utfører forskjellige oppgaver i det samfunn vi tilhører.

Noen mennesker mener de er berettiget til en større del av samfunnsgodene enn andre, og at de fortjener det, mens andre avfinner seg med situasjonen som den er og er tilfreds med det.

Noen må vise styrke for å tilfredsstille selvoppholdelsesdriften, mens andre fredelig avfinner seg med de regler som er strukket opp for det som regnes som riktig og galt.

Andre igjen opptrer som om det er de som står for regelverket.

Vi vil alle gjerne leve, i hvert fall de aller fleste av oss.

Men, når livet er på vei til å ebbe ut, uansett av hvilken grunn, og hvis man fremdeles er seg selv bevisst, er det da ikke noe man savner? Spesielt når man er ung kanskje?

Man har kanskje enda ikke fått det store overblikket.

Er det slik at man noen gang får det store overblikket, og hva består i så tilfelle det store overblikket av?

Jeg velger å tro at selv om man føler og mener at man har funnet svar på hva det store overblikket består av, så vil det alltid være noe man savner, noe man føler ugjort?

Dette temaet er utvilsomt så personlig og meningene så forskjellige at det ikke fører noe sted hen å dvele ved det.

Dessuten er jeg av den oppfatning at man ikke bør tenke for mye på det heller, tiden kommer tidsnok når man får for mange av disse tankene i hodet.

Når det skjer er det antagelig godt, i hvert fall for noen, å kunne tenke tilbake på det livet man har fått leve og på hva man har benyttet det til. For det er jo det som er selve livet.

Får man på noe tidspunkt det store overblikket, og vet man for eksempel hva man savner?

"Hva er livet, et pust i sivet ...", av Adam Oehlenschlæger, er vel en vi alle har hørt i forbindelse med livet.

Ellers synes jeg Søren Kirkegaard har en herlig beskrivelse av livet:

"Den dagen du kom til verden gråt du mens dine nærmeste var glade. Lev livet slik at den dagen du dør, da gråter dine nærmeste mens du er glad."

Tenk så enkelt det ville være hvis vi bare sluttet og engste oss.

Samuel Johnson mener med rette at:

"Det er nytteløst å engste seg over livet, man slipper likevel ikke levende fra det".

Jeg vet ikke hvem som var først ute med denne, men for meg har det gjennom tidene vært en god leveregel at:

"Det finnes ikke problemer i livet, bare utfordringer".

"Lev hver dag som om du skulle dø i morgen" er det noen som sier.

Det uttrykket er etter min mening noe drastisk. Skulle man etterleve den regelen til punkt og prikke, tror jeg at man selv ville gjøre seg skyldig i et kort opphold på moder jord.

Hvis det er slik at de fleste av oss er enige om at livet er en balansegang, noe jeg selv i hvert fall mener, så kan kanskje min egen formulering på en forståelig måte illustrerer dette:

"Livet er som en kontinuerlig surf. Du må holde balansen helt til du når land. Først da er det over".

Etter å ha satt det ovenstående på papiret slår det meg at jeg egentlig hittil bare har nevnt livet i sammenheng med oss mennesker - utrolig egoistisk.

Våre liv ville naturligvis ikke eksistert hvis det bare var oss mennesker som var levende vesener.

Vi er jo bare en form for liv blant millioner.

Jeg tenker ikke da på de liv som kan sammenlignes med det menneskelige liv, men alle de former for liv som skal til for at vi mennesker skal kunne opprettholde livet.

Det blir antagelig for overveldende å ta dette innover seg.

Det er bare å godta at vi i en eller annen form blir skapt, at vi er en liten del av en helhet og at alt liv er avhengig av hverandre.

Jeg synes ellers at den nedenstående "slogan", som benyttes i en spesiell TV kanal for tiden, er en fin tankevekker i denne sammenheng:

"Menneskene er avhengig av naturen for å overleve, men naturen er ikke avhengig av menneskene" og, den som fra naturens side går sånn: "Hvis du ikke tar vare på meg, kan ikke jeg ta vare på deg".

Det vi mennesker dessverre gjør i alt for stor grad, er å utsette naturen for store belastninger.

Riktignok tar vi oss til tider sammen og rydder opp i elendigheten når vi innser at vi har latt utviklingen gå for langt, men det er ikke nok.

Det er kanskje på tide at vi utvider våre tanker om livet fra det egoistiske "oss selv" til seriøst å tenke gjennom hvordan vi, som tross alt er utstyrt med evner til handling, kan sørge for å holde en kontinuerlig balanse i naturen.

Selvfølgelig skal det her tilføyes at det stadig er store grupper av oss som vier seg til oppgaver med å bedre vår relasjon til naturen og godt er det, bare innsatsen ikke blir fanatisk.

Vi må aldri glemme at blir det krig mellom naturen og oss er det ingen tvil om hvem som kommer til å trekke det korteste strået, så utfordringer er det nok av.

I mitt 78nde år har jeg kommet frem til det syn på livet, at vår syklus som individer på jorden helt praktfullt er tilpasset vår utvikling.

Gjennom hele ditt liv gjennomgår du en kontinuerlig utvikling.

Lever du lenge nok opplever du blant annet nye krefter som starter der du en gang startet, og du vet at de som kommer etter deg skal gjennomgå den samme utvikling som deg.

Jeg tror ikke så mye på de som mener at vi kan lære av det andre har tilegnet seg av erfaringer.

I livet må du selv tilegne deg erfaring den tunge veien, ikke ved å ta lærdom av andres.

MINE TANKEVEKKERE OM LIVET

LIVET I
Det beste ved Livet er at det er ditt. Det vanskeligste er å erkjenne det, ta initiativ og gjøre noe med det.
Til min datter Anne-Marie på 20 årsdagen

LIVET OG OSS SELV
Det er på tide at vi utvider våre tanker om Livet fra det egoistiske "Oss Selv", til seriøst å tenke gjennom hvordan vi, som tross alt er utstyrt med evner til handling, kan bidra til å holde kontinuerlig balanse i naturen.
2016

LIVET OG VERDI
Livet har forskjellig Verdi i de forskjellige kulturer og i noen samfunn er det tilsynelatende slik at Livet ikke har noen Verdi i det hele tatt.
2016

LIVET SÅ LANGT
Til nå har jeg Levet Livet - og opplevet Livet.
1995

MENINGER

April 2014

Har du ingen mening om noe som helst er du etter min menig ganske fortapt.

Nå er det vel slik at de fleste av oss har meninger om det meste, men det å ha meninger er i seg selv ikke så mye verdt hvis man ikke kan få gitt uttrykk for dem.

Det å ha meninger og å være i stand til å kunne gi uttrykk for dem hvis man ønsker, er i hvert fall i de demokratier jeg kjenner til, et privilegium det er verdt å kjempe for.

Det er en menneskerett som aldri må tas som en selvfølgelighet.

Vi har vel alle sett tragiske eksempler på undertrykket ytringsfrihet.

Ingen debatt fra min side om ytringsfrihet, den burde være en selvfølge i en opplyst verden slik jeg ser det, men er nok dessverre ikke det over alt.

Selv om det med ytringsfriheten er i orden, er det ikke derved sagt at fordi om du har en mening om en sak, at du nødvendigvis alltid må gi uttrykk for den, sette ting på spissen å slåss på barrikadene for den samme.

En annen sak er at det å beholde enkelte meninger for deg selv, er et råd jeg vil gi til deg som har en tendens til å boble over med dem.

Egentlig tror jeg ikke det finne såkalte normale mennesker som ikke har meninger om noe som helst, alle har nok meninger, det er liksom noe av livets puls.

Derimot er det kanskje lengre mellom de som har såkalt "meningers mot".

Vel, som sagt, du behøver ikke slåss for alle dine meninger, men har du noen såkalte kjepphester, forstått som ting du brenner for, så er det godt å ha meningers mot. Det vil si at du står for dine meninger og kjemper for dem.

Her må du, som i mange andre sammenheng, imidlertid være oppmerksom på utfordringene som følger med det mange av oss forbinder med fanatiske meninger og holdninger; men det er en annen sak.

Fanatismen lar vi i denne sammenheng ligge, den er uhyggelig i seg selv og det har vi sett nok av eksempler på. Den, fanatismen, er dessverre over alt, i alle sosiale, politiske og religiøse fraksjoner og finnes i nesten alle sammenhenger. Det kan heller ikke være tvil om at vi, i uendelige tider eller i hvert fall så lenge det er mennesker som hersker på vår klode, vil stifte ubehagelige bekjentskap med dette ondet, fanatisme.

I de tidlige ungdomsårene er det nok slik at mange ofte er opptatt av å velge det som er riktig, da oppfattet som det de andre mener, av frykt for å bli sett på som en utenforstående. Menneskene er, så vidt jeg vet, å betrakte som "flokkdyr", i denne sammenheng forstått som det å ha like oppfatninger, og det gir trygghet.

Etter hvert som du finne deg mer til rette i tilværelsene og blir mer sikker på deg selv, vil det naturlig nok presse seg frem egne meninger om bestemte ting som skiller seg fra de andres.

Dette mener jeg ofte er relatert til de interesser du har, eller tilegner deg, men er ganske sikkert også et resultat av sosiale og kulturelle påvirkninger.

På mange måter er dette bra, nettopp det at vi ikke alle er like er vel det som er med på å krydre våre respektive tilværelser.

Du får noe å forholde deg til når du, eller rettere sagt hvis du er i stand til å se dine egne meninger i relasjon til gjeldende generelle normer.

Mange store personligheter har gjennom tidene hatt bastante meninger om nesten alt, noe som både er rimelig og riktig vil jeg tro, selv om det kanskje ikke alltid viste seg at deres meninger var riktige, og det er vel også slik det må være.

For at det ikke skal bli for nært kan vi ta et eksempel som ligger neste to tusen år tilbake i tid.

Den daværende Roma senator Cato den eldre, sies å ha avsluttet alle sine taler i senatet med den i ettertid så berømte setning, her oversatt til norsk; "Før øvrig mener jeg at Kartago bør ødelegges".

Bakgrunnen for dette skal angivelig ha vært at han mente at byens rikdom var en trussel mot Roma.

Vel, vi får håpe at Cato den yngre, hvis han i det hele tatt eksisterte, tok lærdom av dette.

Bastante kollektive meninger, nesten på grensen til det fanatiske, har jeg av egen erfaring basket med uten hell. Det snev av diplomatiske holdninger jeg måtte ha kom umiddelbart til kort, men en meget spesiell erfaring ble det.

Tidspunktet er på slutten av åttitallet og stedet er Cabrera, urbanisasjonen i Syd Spania hvor jeg så vidt hadde kommet i gang med min langsiktige plan om etablering når pensjonsalderen ufravikelig ville inntreffe, hvis jeg ellers kom til å leve så lenge.

Jeg var allerede kommet i meget god kontakt med initiativtageren og utbyggeren av stedet, en meget karismatisk engelsk arkitekt, vel femten år eldre enn meg. Hans navn var Peter Grosscurth.

Urealistiske lover, eller heller manglende oppdaterte sådanne i Spania, var på den tiden så vidt jeg forstod både uklare og tøyelige. Det krev-des stor improvisasjon for å få regnestykket i den sammenheng til å gå opp og det hjalp ikke at tilføyelser og forandringer skjedde kontinuerlig, med eller uten tilbakevirkende kraft.

Nok om det, den samme Peter hadde kontinuerlig utfordringer med de allerede etablerte innbyggerne i urbanisasjonen når det gjaldt hvilke felleskostnader av forskjellig art de måtte være med på å bære, sammen med en rekke praktiske detaljer når det gjaldt selve utbyggingen. Dette innebar i praksis at mange av dem ikke betalte noe som helst.

I formildende omstendigheter for de impliserte skal det nevnes at også språk og kommunikasjonsvanskeligheter, samt forståelse av lovverket, spilte inn.

En dag Peter og jeg satt og snakket om problemet, som for meg syntes helt vanvittig, foreslo jeg at jeg skulle gjøre et objektivt forsøk på å megle i konflikten. Litt erfaring i menneskelige relasjoner mente jeg jo å ha etter ti talls år som leder av en rimelig stor familiebedrift.

Dagen opprant da jeg hadde sammenkalt tretti førti av den protesterende klan til informasjonsmøte. Det var ordnet med litt både å spise og drikke, så stemningen var god helt fra starten. Peter var selvfølgelig ikke til stede, så det var bare meg og alle de andre.

Jeg hadde forberedt meg godt syntes jeg og hadde satt det hele på papiret for at intet skulle bli overlatt til tilfeldighetene.

Alle lyttet oppmerksomt uten noen form for avbrytelser og jeg følte at jeg hadde et rimelig godt grep på situasjonen.

Kan tenke meg at mitt innlegg varte i rundt ti minutter hvoretter jeg inviterte til en diskusjon rundt argumentene. Spredte spørsmål for forståelsens skyld ble stilt og besvart før jeg oppfordret alle til og respektere de lover som henviste til at alle måtte være med å dekke felleskostnader for at de respektsives investeringer skulle sikres fremtidig verdi.

Etter et kort tidsforløp hvor man i grupper hadde fortsatt diskusjonen, kommer en av dem bort til meg og sier noe sånt som.

"George, jeg snakker på vegne av oss alle. Vi er stort sett enige i din argumentasjon og er for øvrig enige om at du har talt vel for saken, men du kan hilse Peter å si at vi ikke kommer til å betale noe som helst før vi lovmessig blir truet til det".

Hverken før eller senere har jeg hørt maken til felles mening om en sak fra så mange forskjellige typer mennesker.

Det jeg imidlertid ikke visste da men som jeg senere fikk klart for meg, var at disse som for det meste var engelskmenn som tidligere hadde vært stasjonert i forskjellig land rundt i verden, nå hadde slått seg ned her som pensjonister.

Ettersom prisene i Spania allerede på det tidspunkt hadde gjort noen ganske store sprang oppover, hadde deres økonomiske situasjon nådd bristepunktet. Med andre ord skortet det innerst inne kanskje ikke så mye på viljen, men mer på mulighetene og da er det jo viktig og opprettholde prestisjen.

Det endte da også etter hvert med at stadig flere boliger skiftet eiere og hva som skjedde med den hårde kjerne etter hvert vet jeg ikke, men håper i hvert fall at de gjenlevende hvis det fremdeler er noen av dem i live etter rundt tjuefem år, greier seg bra.

Regelverket kom etter hvert på plass, urbanisasjonen ble fullt legalisert og i dag er det hverken misforståtte lover eller myndighetenes ansvar at man fremdeles kives, men det gjør man.

Menneskenes divergerende meninger med bakgrunn i deres forskjellige syn på nesten alt, er nok når alt kommer til alt årsaken til at man stadig har store utfordringer i denne lille oasen. Fraksjoner dannes og motsetninger testes.

Og for deg som tror at dette er et særsyn, altså det med divergerende meninger, er det bare å ta en litt dypere titt, med det for øye å se om ikke også din mening er at dette gjenspeiler seg over alt.

MINE TANKEVEKKERE OM MENINGER

MENING

Du bør tidlig gjøre opp din Mening om du vil gå i graven med et godt ettermæle, eller utnytte alle midler til å sikre deg selv mens du lever. Det er ditt valg.

Mars 2019

MENINGER I

Min Mening er at det kan være en fin tommelfingerregel å holde sine Meninger i trange tøyler og ikke falle i fristelse til å boble over med dem.

Juli 2020

MENINGER II

Det er bra å ha Meninger om det meste -
bare man ikke hevder at de er de beste.

Sept. 2019

MENINGER III

Det å ha meninger og å være i stand til å kunne gi uttrykk for dem hvis man ønsker, er i hvert fall i de demokratier jeg kjenner til, et privilegium det er verdt å kjempe for. Det er en menneskerett du aldri må ta som en selvfølge.

2014

NYSGJERRIGHET

Mars 2013

"Undrer meg på hva jeg får å se, over de høye fjelle?". Hvem som skrev dette husker jeg ikke helt sikkert, men mener det var Bjørnstjerne Bjørnson. Etter min mening symboliseres her nysgjerrigheten. "Øyet møter nok bare sne". Antagelse, intet sikkert, hva annet, nysgjerrighet. Hva så med om det var Bjørnson eller en annen som skrev teksten, er jeg ikke nysgjerrig på det?

Egentlig ikke, har antagelig ikke kapasitet til å være nysgjerrig på alt, det ville bli alt for tidskrevende.

Det må prioriteres.

Måtte for denne refleksjonens skyld allikevel sjekke, og jo da, riktig nok, det var ham.

"Rundt omkring står det bare tre, ville så gjerne over; - tro når jeg reisen vover?"

Man skulle etter dette tro at alle har noen områder som man er nysgjerrig på.

Hvis det er noe riktig i dette så er vi alle nysgjerrige. Men for de fleste av oss dreier det seg vel da om den nysgjerrigheten som tilhører de områder vi føler sterkt for, eller som vi er spesielt interessert i. Med andre ord er det ikke et spørsmål om du er nysgjerrig eller ikke, du er ganske sikkert nysgjerrige i større eller mindre grad.

Betyr dette at hvis du ikke har evnen til å stille spørsmål, hvis du er likegyldig til å finne svar på spørsmål du selv har, eller om du ikke har spørsmål i det hele tatt, ja, så mangler du nysgjerrighet?

Antagelig ja, men igjen, de fleste finner sikkert innen

sine interesseområder forskjellige måter å vise sin nysgjerrighet på og derved få svar på sine spørsmål.

Sikkert ikke noe galt med det, vi skal jo så visst ikke alle være like.

For min egen del er nysgjerrighet likestilt med det å være, det å leve.

Jeg ser det som en av drivkreftene, det som får deg til å sette en fot foran den andre i dagliglivet. Nysgjerrighet er drivkraft til fremdrift.

Glem den nysgjerrigheten som går på å stikke nesen sin i andres saker, den kommer det sjelden noe godt ut av og det du eventuelt kan lære av det kan du godt være foruten.

Det er den nysgjerrigheten som starter med "hvorfor?", som etter min mening er den viktige.

Igjen, stiller du ikke spørsmål forblir du ensporet, du stopper opp og kommer ikke videre? Det er godt at jeg er kommet til at vi alle har grader av nysgjerrighet.

I november 1994 skrev jeg refleksjonen "Hvorfor?".

Når jeg der refererte til hendelser under min skoletid i Italia som 17-18 åring, var jeg nok ikke meg selv så bevisst som senere i livet. Derfor stilte jeg spørsmål om, sitat: "Hva kommer det av at vi svært ofte stiller spørsmålet, Hvorfor? Er det fordi vi er nysgjerrige, eller fordi vi er uvitende?".

Jeg la en helt annen vinkling på "hvorfor?" den gangen enn senere, men kanskje det allikevel var med på å bevisstgjøre den betydning jeg legger i dette ordet nå.

Vinklingen den gang gikk mer på språk og kommunikasjon enn på den generelle betydning av nysgjerrighet som drivkraft for fremdrift.

Kan man være nysgjerrig på nysgjerrigheten, eller blir dette smør på flesk? Ender du i så tilfelle i en uendelig sirkel?

Er du nysgjerrig på ett eller annet, uten å ha funnet svaret, kan du selvfølgelig anta et svar og så fornye nysgjerrigheten på det grunnlag.

Jeg har alltid hatt sans for tekniske utfordringer og har i all beskjedenhet funnet løsninger på flere slike. Som du ser kaller jeg dem tekniske utfordringer, ikke tekniske problemer, og disse løsningene har ført til både patenter og produksjon av produkter.

Betegnelsen problemer er negativ, mens utfordringer trigger til løsninger.

Dette sidesporet er en helt annen sak, men jeg er overbevist om at alle som har vært i nærheten av å drive produktutvikling vil være enig med meg i at skal man på noen måte finne tilfredsstillelse i dette, må man være nysgjerrig og da med den ovenfor nevnte vinklingen på "hvorfor?".

Nysgjerrighet er en vesentlig drivkraft til all fremdrift.

Jeg er nysgjerrig på om noen i det hele tatt har fått noe fornuftig ut av dette, men er allikevel ikke så interessert at jeg vil stille spørsmål om det.

Det kunne jo ende med at jeg dermed får meg en smekk over fingrene som vil redusere min nysgjerrighet og som man har forstått vil jeg nødig miste den.

MINE TANKEVEKKERE OM NYSGJERRIGHET

NYSGJERRIGHET
Nysgjerrighet er drivkraften i all fremdrift.
2013

NYSGJERRIGHET PÅ LIVET
Du kan godt være Nysgjerrig på Livet og samtidig ha en natur som er spikret til jorden.
2017

NYSGJERRIG OG LIKEGLAD
Nysgjerrighet er døråpneren for enhver utvikling - mens Likegladhet gir grobunn for stagnasjon.

NYSGJERRIG
For min egen del er nysgjerrigheten likestilt med det å være, det å leve.
2013

SJELEN
April 1994.

Det er ikke lett å skrive om "sjelen" - ihvertfall når man har mistet den. Ikke selve "sjelen", men det jeg hadde tenkt å skrive om den.

Mitt diktat om "sjelen" ble nemlig borte - simpelthen vekk - det var godt det ikke var selve sjelen som ble borte.

Noe så viktig som sjeler burde ikke kunne bli borte - forsvinne - ihvertfall ikke så lett.

Et diktat blir heller ikke borte hvis man ikke gjør feil. I min iver etter å diktere noen betraktninger om noe så banalt som et "rør"- ja nettopp et vanlig rør, kom jeg til å diktere over sjelen - derved forsvant den.

Hadde nettopp tatt et bad og kom i den anledning til å tenke på røret. Griper Pocket Memoen og starter - oppfatter for sent at sjelen er spolt tilbake og at mine betraktninger om røret, har tatt sjelens plass.

Kunne nesten ikke ha blitt verre - ikke for sjelen - men for meg. Min skrøpelige hjerne husker nemlig knapt biter av det jeg hadde diktert - synd.

Det var nemlig meget godt - det sa ihvertfall hun jeg avspilte det for. Ingen sak å si det nå som beviset er forspilt.

Sjelen lever videre.

Noe av det beste av det jeg hadde tenkt å skrive om sjelen, skal jeg nok komme på etter hver - få satt i pennen.

Det gjorde meg ikke så lite nervøs når jeg oppdaget over-dikteringen.

Dette er skrevet, som en konsekvens av det, uten først å være diktert.

Det blir som å være utsatt for en ulykke - bare noe jeg har hørt - men det skal være avgjørende at man snarest setter seg i en tilsvarende situasjon - ellers, sies det, gjør man det aldri.

Det ville være synd hvis jeg sluttet å diktere av frykt for å miste det jeg dikterer - ikke for sjelen - den vil allikevel leve videre.

Ihvertfall den sjelen jeg snakker om.

Jeg fortsetter å diktere.

Min sjel for eksempel, sies det hjemme, kommer aldri hjem fra reiser sammen med meg - den kommet et døgn senere.

Ikke noe jeg selv merker - intet savn fra min side - overbevist om at min sjel er godt forankret i legemet.

Spørsmålet er - hva skjer med sjelen når legemet takker av?

Er det slik at sjelen lever videre i kunst, litteratur og musikk? Neppe - Vår Skaper var vel demokrat - vanlige sjeler skal vel også ha en sjanse.

Det sies at hus har sjel. Dette som et eksempel på at vi tilsynelatende aksepterer at også ting har sjel. Godt mulig - jeg tror ikke det - ikke et øyeblikk i tvil om at det i så tilfelle må være en annen type sjel - ikke den virkelige sjelen - den med stor S.

Betraktninger om den sjelen, den med stor S - det var nemlig den jeg hadde lavet diktat om - var ikke spesielt mystisk - ga bare uttrykk for at det ville være underlig om det ikke var noe mer - noe mer enn det livet vi skrøpelige mennesker har her på jorden.

Selv har jeg en rekke opplevelser bak meg, som ikke levner tvil om det "storslåtte".

En helt annen sak er at jeg aldri helt har forstått de som stadig er på utkikk etter sjelen sin - leter etter den, som om den var mistet. Selv må de være overbevist om at den er mistet, ellers ville de vel ikke lete etter den.

Kan sjelen mistes - ikke i form av et diktat eller et skriv - og i så tilfelle, kan den finnes igjen?

Hva gjør for eksempel sjelen når vi sover? Hviler den også - eller er det nettopp det den ikke gjør? Er det den som vokter over oss - den som kontrollerer at legemet får hvile?

Selv om den menneskelige kropp er et vidunder i seg selv, må den hvile - uansett byrd - selv Churchill måtte hvile, selv om han visstnok ikke trengte så mye søvn.

Hva for eksempel med hans sjel? Var den spesiell? Kroppen hans ble fylt med vel en flaske whisky per dag sies det - tok sjelen hans skade av det? Liten tvil om at kroppen ikke hadde udelt glede av det.

Det sies også at han egnet seg best som leder i krig - under press - var hans sjel spesielt egnet for oppgaven?

Av dette forstår jeg at en del ting må tenkes videre på.

Det er noe som ikke stemmer. Uttrykk som en fin sjel - en tapper sjel - en engstelig sjel - en råtten sjel - en splittet sjel - hvordan hører dette sammen?

Jeg skal nok komme på noe av det jeg dikterte om sjelen - det som ble borte - underbevisstheten arbeider. Det var nemlig godt.

Hvis sjel og legeme splittes når vi går bort, må jo sjelen gå et sted - legemet forsvinner jo - det er konkret - men sjelen?

Uansett - det må være en større mening med det hele.

- Jeg behøver ikke teologens vitnesbyrd for å forstå et det finnes en sjel med stor S.

MINE TANKEVEKKERE OM
SJELEN

SJELEN
*Jeg behøver ikke teologenes vitnesbyrd for å forstå at det finnes en
"Sjel" med stor S.*

SJELEN II
*Er det slik at sjelen lever videre i kunst, litteratur og musikk? Neppe –
Vår Skaper var vel demokrat.
Vanlige sjeler skal vel også ha en sjanse.*

April 1994

SJELEN III
*Jeg har aldri helt forstått de som stadig er på utkikk etter Sjelen sin
–leter etter den som om den var mistet. Selv må de være overbevist
omat den er mistet, ellers ville de vel ikke lete etter den.*

April 1994

SJELEN IV
*Hvis Sjel og legeme splittes når vi går bort, må jo sjelen gå et sted –
legemet forsvinner jo – det er konkret – men hva med Sjelen?*

1994

SKYLDFØLELSE
April 2013
Skyldfølelse; det får meg til å grøsse bare jeg tenker på ordet. Ikke det at jeg tror jeg har noen grunn til å ha skyldfølelse, men ingen tvil, jeg er av en eller annen grunn en av disse som det lyser skyldfølelse av. Dette altså, selv om jeg i hvert fall etter egen oppfattelse ikke har grunn til å ha det.

Kanskje det har noe med oppveksten å gjøre. Ingen tvil om at jeg nok ofte gikk over streken i ungdommen.

Det var sjelden alvorlige overtredelser, men det var noe med at det var mye som skulle prøves. Det er viktig å finne ut hvor grensene går, for det er jo ikke slik at foreldrenes ja eller nei alltid er nok som ledesnor.

Er du født med fantasi og innlevelse, så følger det gjerne konsekvenser med.

Min stefar Max hadde en klar oppfatning av hvor grensene gikk; alt som han mente var mer alvorlige overtredelser ble utmålt i antall slag med hundepisken, så greit var det.

I mange sammenheng sikkert en grei måte å ordne opp på, men etter dagens norm visstnok langt fra den riktigste. Vi må ikke glemme at dette var for mer enn seksti år siden og mye var annerledes den gangen.

Nok om det, jeg tror at jeg på den tiden så straffen som fortjent når jeg hadde gått over streken, at det var prisen man måtte betale. Hvis ikke hadde man vel prøvd å gjøre alvor av den eneste utvei man kunne se, nemlig å rømme hjemmefra; som om det ville ha løst utfordringene.

Tror nok ikke egentlig at min mor var helt på bølgelengde med avstraffelsene, men med en meget dominerende mann valgte hun nok husfreden.

Jeg registrerte i hvert fall aldri at det kom til argumentasjon dem imellom i den sammenheng.

Trusselen om å bli sendt til forbedringsanstalten på Bastøy i Oslofjorden vinket også ofte i bakgrunnen, men ble vel egentlig aldri fra min side sett på som en mulig realitet.

Det var, mente jeg den gang, å skyte spurv med kanoner. Det ble da heller ingen opphold for meg på Bastøy.

Skyldfølelse har vi antagelig alle i en eller annen form. Du behøver bare å se deg rundt blant dine egne. Om skyldfølelsen så er berettiget, ja det er det vel antagelig bare den respektive som kan uttale seg om.

Når jeg før nevnte at skyldfølelse kanskje har noe med oppveksten å gjøre, så er det muligens allikevel helt feil.

Min yngre halvsøster Mette, som aldri gjorde noe galt den gang hun var liten, har utvilsom i hele sitt voksne liv hatt en utfordring med sin skyldfølelse. Kan det kanskje være noe som ligger i genene og ikke i oppveksten?

For min del ble den bevisste skyldfølelsen først registrert på skolen.

Ingen grunn til å legge skjul på at jeg var en såkalt uromaker i klassen, men det ble så vidt jeg husker aldri rapportert at noe av det jeg gjorde var ondt ment.

Merkelig å registrere, men mitt yngste barnebarn Nicolas som i år er femten, har de siste årene visstnok slitt med den samme utfordringen på skolen. Jeg forstår at det er liten tvil om at han også er et uroelement i klassen.

Men så kommer poenget slik jeg husker det fra mine dager. Ingen vanskelighet med å se realitetene i øynene, at det var mye berettiget i irettesettelsene man fikk, men hva så med den andre siden av medaljen; nemlig den at jeg som en konsekvens av ovenstående, automatisk, til tider ble beskyldt for ting jeg ikke hadde gjort eller vært med på.

Det ble en vanskelig pille å svelge når jeg ellers synes jeg hadde fått nok for mine klare overtramp. Dette ble registrert som dypt urettferdig og vanskelig å forholde seg til.

Så stiller jeg meg spørsmålet: er det en klar sammenheng mellom urettferdighet og skyldfølelse? Kan ikke helt finne ut av dette, men har en sterk følelse av at jeg her rører ved noe essensielt.

Det forhindrer antagelig ikke at jeg en gang når det passer, kan ta tak i urettferdigheten som et separat tema for en refleksjon, det er jo et enormt område i seg selv når man tenker på all urettferdighet i verden.

Uansett, min skyldfølelse er heldigvis blitt lang mindre ettersom årene har gått.

På et tidspunkt kunne jeg ikke stille opp i en tollkontroll uten at jeg mer eller mindre automatisk ble kalt til siden for nærmere sjekk. Tollerne hadde et eget blikk for meg, nesten som om jeg var en gjenganger for dem. Kan aldri huske at jeg noen gang ble tatt for å ha medbrakt noe jeg ikke skulle, eller at "kvoten" var overskredet.

Ingen må ta meg for å være skinnhellig i denne sammenheng, men nettopp det at jeg på lang avstand lyste av dårlig samvittighet, noe jeg ikke bevisst hadde, var i hvert fall en klar medvirkende årsak til at jeg aldri hadde noe med som gikk over de tillatte grensene. Dette gjelder like mye i dag som den gang.

Jeg nevnte den eventuelle sammenheng mellom urettferdighet og skyldfølelse, men nå dukker plutselig samvittigheten frem.

Samvittigheten har jeg jo allerede laget en refleksjon om. I den er det noe om å fortrenge den dårlige samvittigheten og så få frem den fine varme følelsen av den gode.

Samvittighet hører nok også med i denne sammenheng, for det er vel intet som heter å ha en dårlig eller en god skyldfølelse?

Etter dette blir nok spørsmålet utvidet til: er det en sammenheng mellom urettferdighet, samvittighet og skyldfølelse?

Det er på tide å hoppe av dette sporet før jeg går helt i spinn, hittil har det vært komplisert nok.

Som du kanskje vil ha lagt merke til har det hittil, bortsett fra innslaget om min halvsøster, kun dreid seg om mitt eget forhold til skyldfølelsen. Grunnen til det må vel være at det er så godt som umulig å beskrive andres skyldfølelse, den er jo helt privat.

MINE TANKEVEKKERE OM SKYLDFØLELSE

SKYLDFØLELSE I
Vi har alle Skyldfølelse i en eller annen form.
Om den er berettiget eller ikke, kan kun den respektive uttale seg om.
Mai 2019

SKYLDFØLELSE II
Ingen kan beskrive andres Skyldfølelse.
Mai 2019

SKYLD
Hvordan ville verden sett ut hvis vi ikke hadde noen å Skylde på?
Okt. 2019

SKYLD OG USKYLD
Følelsen av Skyld er tung å bære - mens tyngden av Uskyld er lett som en fjær.

SMILET
Mai 1994

Smilet varmer. Det føles alltid som en lettelse når smilet kommer frem, enten det er deg selv som smiler, eller det er andre.

Nå er det slik at enkelte mennesker ser ut til å smile bestandig. Det er ikke den form for smil jeg tenker på, den form for smil som liksom synes å ligge på et helt folkeferd, som eksempelvis der borte i Østen.

Nei, det er det smilet som du ser til daglig hos mennesker du omgås, jeg tenker på. Det smilet som du selv kanskje i langt større grad enn du gjør, burde ta frem.

Smilet varmer, gir på en måte følelsen av trygghet.

Det er vanskelig å få kontakt med mennesker som ikke smiler. Det er slett ikke sikkert at de undertrykker smilet med vilje, de er kanskje bare sånn, forstår ikke smilets betydning. I så tilfelle er det synd på dem.

Smilekurs, er det en tilfeldighet at de kalles det?

Der er vi igjen inne på det smilet som kanskje allikevel ikke er så naturlig.

Millioner på millioner brukes av bedrifter og organisasjoner for å fremstille seg selv på en mer positiv måte. Dette er sikkert positivt i seg selv og kanskje det til og med er motiverende for de ansatte. Det er heller ikke det smilet jeg tenker på.

Smilet er så personlig, at føler du den minste usikkerhet når det gjelder ektheten slår det negativt ut; du må være trygg på at smilet er ekte.

Det være seg fra det litt overbærende smilet vi alle kjenner, til det som strekker seg fra øre til øre - spillerommet er uendelig stort.

Jeg har aldri før tenkt på hvordan smilet ville være uten øynene, men nå er det jo ikke øynene det dreier seg om, i denne refleksjonen er det smilet.

Er vi så vant til samspillet mellom øyne og smil at det ville være vanskelig å lese uttrykkene uten det samspillet, altså med smilet alene?

Det må jeg tenke videre på.

Kanskje det når alt kommer til alt er urettferdig å bare trekke frem smilet og dette alene?

"Kan smilet stå alene, være nok i seg selv?".

Smil og verden smiler til deg heter det.

Det må være mange mennesker som ikke ønsker at verden skal smile til seg.

MINE TANKEVEKKERE OM SMILET

SMILET
Smilet er som sand på isen, du går tryggere.

SMILET OG USIKKERHET
Smilet er personlig. Føler du Usikkerhet med ektheten, slår det negativt ut. Du må være trygg på at Smilet er ekte.

SMILET II
«Smil og verden smiler til deg», heter det. Det må være ganske mange som ikke ønsker at verden skal smile til seg.
Mai 1994

SMILET III
Smilet varmer, gir på en måte følelsen av trygghet. Det er vanskelig å få kontakt med mennesker som ikke smiler. Det er slett ikke sikkert at de undertrykker smilet med vilje, de er kanskje bare sånn, forstår ikke smilets betydning. I så tilfelle er det synd på dem.
Mai 1994

TANKER
Oktober 1995

Er de bare der, eller er det noe vi gjør for å få dem frem?

Min erfaring er at det er vanskelig å holde orden på dem og det har kanskje noe med konsentrasjonen å gjøre.

Tankene farer forbi som i et eneste flimmer. Når jeg sier det, så er det fordi jeg føler at det er et markert samspill mellom tankene og det synsbildet jeg har på netthinnen.

Har aldri spurt andre om de har det på samme måten.

Det er et under at tankene til tider ikke koker over, men hvor skulle de i så tilfelle gjøre av seg?

Likevel føler jeg det til tider som om tankene er som damp i en trykkoker. Spesielt når det gjelder slike tanker som jeg lenge har gått og ruget på. Ut skal de i en eller annen form og ut kommer de som regel.

Kan for eksempel et raseriutbrudd være selve sikkerhetsventilen for oppsamling av aggressive tanker?

Er du helt avslappet og bare lar tankene flyte, hvilke tanker er det da som får prioritet og hvilket sinnrikt system er det som prioriterer?

Er det her underbevisstheten kommer inn? Er den bare et annet lager for tanker?

Er det slik at hvis du ikke bevisst fortrenger spesielle tanker, så vil du stort sett sitte igjen med en jevn fordeling av de forskjellige typer?

Det er nå unektelig hyggeligere å mane frem de gode tankene enn å baske med en overvekt av de vonde. Det siste kan lett bli en stor belastning hvis det går over tid.

Spørsmålet er bare om det er så lett å styre dette?

Her tror jeg det er viktig at du selv er i rimelig god balanse og at du på en måte har en plattform å stå på, som ikke er for glatt og som gir deg rimelig godt feste for føttene.

Tanken er tollfri, heter det. Det er viktig å feste seg ved det. Det er et privilegium du har som menneske, dette at du kan ha tankene for deg selv.

Ingen kommer noen gang til å få vite hva du tenker på, hvis du ønsker å holde det for deg selv.

Det å dele tanker med andre kan være godt.

Hvor ofte sier du ikke: "Tenk på den gang … " Her henviser du til tanker om et eller annet, som det forutsettes at den du henvender deg til også har vært med på, eller hørt om.

Når du er utsatt for at noen leser dine tanker, eller at du selv føler at du kan lese andres tanker, så er vel det mer tilfeldig, eller det fremkommer som et resultat av at du er nær knyttet til vedkommende og derved er vant til å lese vedkommendes kroppsspråk.

Kommer i forbindelse med tanker til å tenke på hvor godt jeg har det akkurat nå. Ligger her og slapper av etter et varmt bad og lar tankene få fritt spillerom.

MINE TANKEVEKKERE OM TANKER

TANKER I

Det er hyggeligere å mane frem de gode Tankene enn å bakse med de vonde. Det siste kan bli en belastning hvis det går over tid.

1995

TANKER II

Når du tumler med Tanker er de normalt både gode og vonde. La Tankene flyte fritt når det skjer, blokkeringer kan skape oversvømmelse.

Mai 2019

TANKER III

"Tanken er tollfri" heter det. Heldigvis, da jeg ellers ville være en fattig mann.

April 2019

TANKER OG DAMP

Tanker kan være som Damp i en trykkoker. Ut skal de i en eller annen form og ut kommer de.

Okt. 1995

TIDEN

April 1994

Det skal jeg gjøre når jeg blir pensjonist, sier mange, jeg får bedre tid når jeg blir pensjonist.

Sludder, gjør det nå, sier jeg.

Selvsagt er det en umulighet. Det er jo først når du blir pensjonist at du får anledning til å gjøre det du ønsker å gjøre nå, er det ikke det?

Det er sjelden eller aldri at denne utsettelsen har med økonomien å gjøre - alltid med tiden.

Tiden - den fjerde dimensjon, kanskje menneskets viktigste begrep.

Utnytter du tiden, eller kanskje rettere, hvordan utnytter du tiden?

Vi måler det meste i hva vi får gjort og hva vi ikke får gjort. Uansett - vi gir tiden skylden hvis vi er misfornøyde, det er alltid tiden som får skylden - som om den kan noe for at vi ikke organiserer oss bedre.

Uansett prioritering er det alltid noe vi ikke får gjort, noe vi gjerne skulle ha gjort - tiden igjen.

Vi sier at vi ikke har tid til det ene og ikke det andre. Spørsmål om prioritering har forskjellig mening for alle.

Stakkars tiden, får den noen gang dårlig samvittighet?

Mitt syn på tiden er at jeg ser den i relasjon til evigheten, selvfølgelig bare ideelt sett - er nok svært realistisk med hensyn til mitt eget fysiske liv på denne jord, men liker allikevel å se tiden i et "evighetsperspektiv".

Er det noe med at ting lever videre? I så tilfelle, på hvilken måte og gjennom hva eller hvem er egentlig ikke av så stor betydning. Det viktigste for meg er troen på at ting lever videre.

Historien beviser at ting lever videre - mener vel egentlig ikke ting, de forgår, men tiden? Historien eksisterer ikke uten tiden.

Er det noe som er evigvarende så må det være tiden og bare den som er det.

Alt reguleres etter tiden. Absolutt alt - kan ikke finne en eneste ting som ikke i en eller annen form er relatert til tiden.

Tiden vi ble født på blir av astrologer avgjørende og bestemmende for både hvordan vi er og hvordan vi vil utvikle oss - her er det ikke bare snakk om dagen, nei både timen og minuttet er i denne sammenheng av største betydning.

Tiden er avgjørende.

Det var før i tiden at man hadde god tid.

Var det kanskje mindre viktig å nå alt mulig den gang, eller hadde man bedre tid bare fordi eksempelvis rutetabellene ikke var så utviklet som i dag?

Er det mulighetene som skaper tidsjaget?

Med alle de alternativer som finnes til alt mulig, ligger det liksom i dagens natur at vi skal nå mye.

Eller er det tidsjaget som skaper mulighetene?

Hva kom først, tidsjaget eller mulighetene? Antagelig en balansert utvikling.

Styrer vi tiden, eller styrer den oss?

Det kjempes på tusendels sekunder - uten tid ingen vinnere og hvis ingen vinnere heller ingen tapere?

Betyr det at vi kan gi tiden skylden for at vi har tapere? Noen bør alltid ha skylden, alt blir så mye lettere da.

Det sies at "Timing" er en viktig faktor i alt. Det betyr at tidsaspektet skal være riktig.

Uansett all verdens analyser, riktig "timing" kan ikke beregnes.

Historien gjentar seg heter det - riktig eller galt, ikke vet jeg, men det blir etter min mening aldri en gjentagelse, nettopp på grunn av tidsforskjellen.

Når gjentagelsen skjer på forskjellig tid, kan det ikke være det samme som gjentas - det er jeg glad for.

Ellers er det godt at man ikke vet for mye om fremtiden.

Tiden må være verdens største oppfinnelse.

MINE TANKEVEKKERE OM TIDEN

TIDEN MÅ TA SKYLDEN
Vi måler det meste i det vi får gjort og det vi ikke får gjort.
Uansett, vi legger Skylden på Tiden når vi er misfornøyde.
Det er alltid Tiden som får Skylden, som om den er ansvarlig for at vi
ikke makter å organisere oss bedre.
2015

TIDEN II
Er det noe som er evigvarende så må det være Tiden og bare den.
2018

TIDEN III
Det konkurreres i millisekunder - uten Tid ingen vinnere, og hvis
ingen vinnere heller ingen tapere?
April 1994

TIDEN I
Det er ikke så viktig hva klokken er - det viktigste er at Tiden går.

VI ER ALLE FORSKJELLIGE
Jan 2017

Det er først når vi innrømmer at vi alle er forskjellig og tar fatt på den debatten, at vi kan bli i stand til å skape et levedyktig og rettferdig demokrati.

Det er naturligvis mer populært å si at vi alle er like, det ligger solidaritet og trygghet i det.

At demokratiet tilsier at vi alle er like i forhold til lov og forordninger er selvfølgelig både rett og riktig, og at vi stort sett har like mange ben, armer, ører og øyner plassert på samme sted av kroppen, er klare likhetstrekk.

At vi ellers kommer i to prinsipielt forskjellige utgaver i form av hun og hankjønn tar vi ellers for gitt, heldigvis.

Når jeg velger å hevde at vi mennesker slett ikke er så like, så går det ikke bare på grupper, hudfarge, religiøse oppfatninger eller lignende.

Vi har alle vår fullstendig og unike egenart. Enten det dreier seg om DNA, fingeravtrykk eller andre identifikasjons-former, er det ingen av oss på hele jorden som er like.

Burde ikke det i seg selv gi en ganske enkel forklaring på at uttrykk som "at vi alle er like", ikke bare er feil, men direkte misvisende?

Etter min mening er det en av de største løyner vi er oppvokst med. Vi mennesker har aldri vært og vil aldri bli like.

De som kjemper for at vi alle skal oppfattes som like, og som en konsekvens av det forventer at vi skal oppføre oss deretter, er fullstendig på villspor.

Hvis Skaperen ønsket at vi alle skulle være like, ja, så

ville vi vel ikke være utstyrt med vår egen unike identitet.

Skaperen gjorde ikke dette kompliserte krumspring, altså å gjøre oss alle unike med vår egen spesielle identitet, hvis det var ment at vi skulle være like.

Nettopp at vi er forskjellige er selvfølgelig årsaken til at vi alle i en aller annen form konkurrerer, Dette skjer med oss alle, bevisst eller ubevisst konkurrerer vi.

Hadde vi alle vært like, hadde konkurransemotivet uteblitt.

Konsekvensene av det ville ført til at vi stadig stod på steinaldernivå, hvis vi i det hele tatt var skapt.

Hvorfor skulle vi være skapt som mennesker hvis det ikke var ment at vi skulle utvikle oss? Det ville vel være totalt meningsløst? Det er et faktum at utvikling kun skjer ved at konkurranse stimuleres.

Uansett hvem vi tror på eller ikke tror på, en mening må det være med skaperverket?

Det jeg egentlig vil frem til er at myten om at vi alle er like må få en total dreining for at verden ikke skal gå i stå. Vi må snu skuta og fullt ut akseptere konkurransen. Gjør vi det har vi samtidig akseptert at vi i utgangspunktet er forskjellige - dermed er vi på vei.

Realismen må fremelskes å få en mening i samfunnslivet, ikke som i dag hvor ordet realisme nærmest er et skjellsord.

Det ligger ikke noen form for rasisme i dette, men et grunnlag for menneskehetens overlevelse.

Respekt og toleranse må få en ny betydning og verdi.

Verdinormene må revurderes.

All sunn fornuft tilsier at en altfor stor del av menneskeheten går på dogmen om at vi alle er like og skal behandles likt.

Vi er alle forskjellige og unike og skal selvfølgelig behandles respektfullt.

Vårt samfunnssystem skal arbeide slik at vi, som de forskjellige individer vi er, skal respekteres og gis mulighet til å utvikle oss individuelt.

Vi må ikke tvinges inn i bestemte former, lover og regler. Det slå helt feil, og skaper store motforestillinger. Holdningsendringene må skje frivillig.

Helt klart krever dette total nytenkning og at større krav må stilles til samfunnet generelt og i særdeleshet til næringslivets og de styrende.

I alle sammenhenger er det bevist at det er ledelsen det står og faller med, og at det er her utfordringene ligger.

Hvem skal så bestemme hvem som skal styre og stelle og hvem som skal kontrollere at dette skjer på en rettferdig måte?

Begrepene rettferdighet må gjøres krystallklare og kravene til rettferdig ledelse skjerpes.

Demokratiet er hittil den samfunnsform som i hvert fall vi i den vestlige verden mener gir det beste kompromiss for en rettferdig styringsform.

I demokratiet er det folket, som gjennom sine stemmer påvirker utviklingen - og slik skal det etter min mening være.

Jeg har aldri riktig trodd på "det opplyste eneveldet", selv om det ville være perfekt hvis det virket.

Grunnen til at "det opplyste eneveldet" ikke virker, er nettopp fordi vi er forskjellige.

Den som eventuelt skulle være den "opplyste enehersker" ville være en av oss, med de samme styrker og svakheter, og da sier det seg egentlig selv at systemet ikke vil kunne fungere.

MINE TANKEVEKKERE OM
VI ER ALLE FORSKJELLIGE

VI ER ALLE FORSKJELLIGE
Grunnen til at "det opplyste eneveldet" ikke kan fungere, er at Vi Er Alle Forskjellige. Som en konsekvens ville den "opplyste enehersker" være en av oss, med de samme styrker og svakheter.
2017

FORSKJELLEN
Vi er ikke bare skapt Forskjellige, men mellom ytterlighetene er det utrolig hvor stor forskjellen er.
Sept. 2019

FORSKJELL I
Det er først når vi innrømmer at vi alle er Forskjellige og tar fatt på den debatten, at vi blir i stand til å skape et levedyktig og rettferdig demokrati.
2018

FORSKJELLIG I
Hvis påstanden om at vi alle er Forskjellige er riktig, og hvem kan motsi det, blir det å være Forskjellig enklere å akseptere og tolerere, fordi vi alle i en eller annen form er Forskjellige.

PUSTEØVELSER

Mai 2023

La meg gjøre det klart med en gang. Jeg har aldri lett etter informasjon om viktigheten av å puste. Hvorfor? – Fordi det for meg alltid har vært noe som skjer av seg selv, noe kroppen tar vare på, noe vi alle vet må pågå hele tiden for å holde oss i live.

Ganske smart. - Oksygenet går ned i lungene når man trekker pusten, blodet absorberer det og transporterer det ved hjelp av hjertet som fungerer som en pumpe, til alle deler av kroppen. *Pust inn gjennom nesen og ut gjennom munnen.*

Dårlig blodsirkulasjon tror jeg de fleste av oss forstår kan være ubehagelig og farlig, spesielt hvis hjernen ikke får nok av det.

Som en som nettopp har rundet 84 år har jeg selvfølgelig vært gjennom en del utfordringer helsemessig, noen mer alvorlige enn andre, men våkner likevel om morgenen og setter pris på at jeg kan bevege meg rundt, utøve hobbyene mine og leve det som for meg er et normalt liv.

Blodtrykket har blitt holdt under kontroll de siste 20 årene med piller, en alvorlig kreftoperasjon for nærmere ti år siden ser ut til å ha gått bra, og en svulst i hodet har hatt en begrenset økning de siste mange årene. Den var for kort tid siden under observasjon, hvoretter beslutningen ble tatt om ikke å operere, men å fortsette å holde den under observasjon.

Siden min sveitsiske kone fikk slag for fem år siden, gav jeg opp golfen, og høsten 2019 begynte jeg å male i tillegg til min hoved hobby, skriving.

Som alle andre gikk vi gjennom Covid-pandemien. Alt gikk bra helt til i desember 2022. Etter tre vaksine-injeksjoner, ble vi begge smittet, men heldigvis uten stygge effekter.

Jeg glemte å nevne at under noen prøver før kreftoperasjonen min, for snart ti år siden, ble blodtrykket tatt hyppig. En gang det skjedde på sykehuset ble det satt en klips på tuppen av pekefingeren. Jeg tenkte aldri på det, men forsto at det var for å måle oksygenet i blodet. Selv jeg forstår viktigheten av det. Et lavt volum oksygen som tas opp av blodet betyr mindre mat til de ulike organene – veldig enkelt, men likevel så viktig.

Siden min kone bruker forskjellige medisiner etter slaget, og må kontrollere blodtrykket hver morgen, gjorde jeg det til en skikk å gjøre det samme, og i likhet med henne fører jeg oversikt over resultatene. Alt fungerer bra for både min kone og meg.

Jeg går ikke inn på flere detaljer, men av nysgjerrighetsgrunner, for omtrent tre år siden, i en periode hvor jeg ikke sov for godt, kom jeg til å tenke på blodet og dets behov for oksygen for å holde organene oppdatert.

Siden min natur som ungdom har vært å gjøre mine egne erfaringer og ikke lese meg gjennom andres for deretter prøve å følge dem, begynte jeg å plukke opp noen av mine tidligere dagers erfaringer fra sport, spesielt leirdueskyting.

Den gang deltok jeg i et kurs i, jeg tror det ble kalt autogen trening. Lang historie kort. I den perioden var jeg våken i mange timer hver natt. Mens jeg lå på ryggen gjorde jeg som instruktøren hadde fortalt meg, prøvde å slappe av og holdt en naturlig pusterytme. Når jeg fikk følelsen av å være avslappet, fokuserte jeg på at bena skulle bli tunge, det ene etter det andre. Så fulgte armene, som på samme måte ble tunge, den ene etter den andre. Når jeg var helt avslappet med tunge ben og armer, var tiden inne for å slappe av musklene i ansiktet.

Nå var tiden for å løfte armene én etter én, ikke bevisst med musklene, men ved å la tankene mine alene kreve at de gjorde det. Til min forbauselse kunne jeg løfte armen uten å føle at jeg hadde brukt musklene. Jeg kunne stoppe når som helst, og deretter fortsette bevegelsen etter krav fra tankene mine.

Vel, dette var kort sagt ment å skulle hjelpe meg med å slappe av og kontrollere nervene mine. Den delen som hadde med å kontrollere nervene fikk jeg aldri forståelse for, men uten tvil, den avslappende delen har jeg hatt glede av mange ganger i livet mitt.

Her går jeg tilbake til nysgjerrigheten min for omtrent tre år siden, det var på den tiden følgende skjedde:

Antagelig utløst av min nysgjerrighet og det faktum at mange som ble Covid smittet endte opp med pusteproblemer, og at en av mine verste tanker er å bli nektet en uproblematisk pust, gjorde jeg en liten vri på mine autogene øvelser. Etter å ha fullført den første av de avslappende øvelsene og etter at musklene i ansiktet var falt til ro, tok jeg et dypt inntak av luft i stedet for å løfte armene. Først fylte jeg nedre del av kroppen med luft og i samme inntak den øvre del. Ved å holde luften i så mange sekunder som mulig uten å føle meg ukomfortabel, slapp jeg deretter luften sakte ut. Mens jeg slapp luften ut, fokuserte jeg på det "imaginære toget" som transporterte blodet til de forskjellige organene, i dette tilfellet bena. Etter et kort opphold med vanlig pust fortsatte jeg å gjenta dette ti til femten ganger, først med fokus på bena mine, ett og ett, som hver var en "togstasjon" for å losse oksygenfylt blod og deretter hodet mitt, på samme måte. Prøvde hver gang å blåse ut så mye som mulig for å gjøre plass til frisk luft i neste inntak.

Ikke bare har dette hjulpet meg til å sovne igjen, men etter å ha praktisert det ovennevnte siden begynnelsen av Covid-pandemien, har pulsen min etablert seg på et lavere nivå enn før, og forrige gang jeg gikk for å ta en økt med massasje for golf-ryggen min, jeg begynte å spille golf igjen i februar i år, viste jeg fysioterapeuten pulsnotatene mine fra jeg begynte å spille golf igjen i februar til slutten av april hvorpå han uttalte:

"Du har en puls lik min". Han er en under middelaldrende sporty mann som løper maraton med en gjennomsnittlig puls på 50 til 55.

Hvis du vil teste min måte å senke pulsen på, anbefaler jeg deg å hoppe over den første delen om å gjøre bena og armene tunge og slappe av musklene i ansiktet.

Bare slapp av noen minutter på den måten som passer best for deg, og start deretter pusteøvelsen.

MINE TANKEVEKKERE OM PUSTE ØVELSER

DIN INDRE SPIRIT
Din Indre Spirit bestemmer ditt liv.

INDRE FRED
Med Indre Fred er det enkelt å gi litt av følelsen videre.
Januar 2019

INDRE FLAMME
Holder du din Indre Flamme i et bur - forblir du sur.
Juni 2019

I MITT HODE
I Mitt Hode har jeg en diode -
og bak mitt blikk, skjer det mange klikk.
Her reguleres, åpnes og lukkes -
det frie kretsløp må aldri slukkes.

.